엄마 성장 수업

엄마 성장 수업

엄마의 도전이 만든 **가족 성장 레시피**

초 판 1쇄 2024년 12월 02일

지은이 김희선
펴낸이 류종렬

펴낸곳 미다스북스
본부장 임종익
편집장 이다경, 김가영
디자인 임인영, 윤가희
책임진행 김은진, 이예나, 김요섭, 안채원, 장민주

등록 2001년 3월 21일 제2001-000040호
주소 서울시 마포구 양화로 133 서교타워 711호
전화 02) 322-7802~3
팩스 02) 6007-1845
블로그 http://blog.naver.com/midasbooks
전자주소 midasbooks@hanmail.net
페이스북 https://www.facebook.com/midasbooks425
인스타그램 https://www.instagram.com/midasbooks

ISBN 979-11-6910-943-7 03190

값 18,500원

미다스북스는 다음세대에게 필요한 지혜와 교양을 생각합니다.

엄마의 도전이 만든 가족 성장 레시피

엄마 성장 수업

김희선 지음

미다스북스

제
1
장

엄마의 현실 직시
: 내가 먼저 바뀌어야 해!

제
2
장

나에게 집중하는 시간
: 치열했던 엄마의 자기 계발

"엄마, 학교에 편지지가 있길래 썼어."

엄마와 함께 카페에 공부하러 온 초등학교 5학년 아들이 문제집을 꺼내다 말고 무심히 편지를 전해줍니다. 마치 무뚝뚝한 남편이 "오다 주웠다."하고 아내에게 선물을 전하는 것 같습니다. 갑작스러운 편지에 입꼬리가 절로 올라갑니다. 엄마가 편지를 읽는 동안 아이는 카페에서 공부할 준비를 합니다. 편지에 우리 가족이 '떡' 같다고 쓴 아들. 아들은 달콤하고 쫄깃쫄깃한 떡을 좋아합니다. 우리 가족도 달콤하기 때문일까요? 편지에는 그 이유를 이렇게 적었습니다.

'겉으로는 말랑해 보이지만 속은 질기고 끈끈하거든. 우리 가족은 역시 멋져.'

함께 만들어 가는 가족 문화로 우리 가족이 더 단단하고 특별해졌습니다. 아이도 그걸 느끼고 있었나 봅니다. 떡의 끈끈함이 마치 우리 가족 같다고 표현하는 걸 보니.

아이와 있었던 일들이 주마등처럼 스쳐 지나갑니다. 식당에서 이유 없이 바닥에 드러누워서 울던 아이를 어찌할 줄 몰라 바라만 보았습니다. 어린이집, 학교 상담만 앞두면 긴장이 되었습니다. 교실에 들어가기도 전에 손에 땀이 차고, 고개가 절로 숙여졌습니다. 첫째를 키웠으니 둘째는 자신 있었습니다. 나는 첫째를 키운 경력 있는 엄마이고, 노련한 선생님이었으니까요. 하지만 아이는 내 뜻대로 자라 주지 않았습니다. 아이 앞에만 서면 작아졌습니다. 아이 탓만 했습니다. 할 수 있는 게 없다고 그저 울기만 했습니다.

나 대신 가족이 우선이라고 자랑스럽게 말하고 다녔습니다. 지나고 보니 그건 자랑거리가 아니었습니다. 내가 애쓰는 만큼 남편과 아이들이 나를 알아봐 주고 인정해 주길 바랐습니다. 나의 가치를 내가 아닌 가족에게서 찾으려 했습니다. 삶의 무게 중심이 내게 없으니 작은 바람에도 이리저리 흔들렸습니다.

회사 일로 잠을 못 자고 밥도 못 먹는 남편, 아이의 학교 부적응, 치솟는 서울 집값에 흔들리는 가정경제까지. 내 삶의 가장 우선순위였던 가족이 흔들리자, 무언가 잘못되었다는 걸 깨닫습니다. 나의 전부인 가정이 무너지는 걸 가만히 보고 있을 수는 없었습니다. 힘들다고 동굴 속으로 들어가 불평, 불만하며 앉아 있을 수도 없지요.

그제야 나를 돌아봅니다. 엄마, 아내로 사느라 잊고 있던 나를 말입니다. 남편, 아이에게 나의 노력을 알아봐 달라고 바라지 않고 우리 가족을 위해 내가 먼저 변하겠다고 다짐합니다. 왜냐하면 나는 엄마니까요. 삶을 변화시키길 원한다면, 누군가 시작해야 한다면 그게 나여야겠지요. 다른 사람보다 내가 변하는 게 더 쉬웠습니다.

도서관에 가서 책을 찾아봅니다. 힘든 상황 속에서 자신의 목표를 이룬 사람들은 나와 무엇이 달랐는지 비교하기 시작합니다. 생각으로 머물던 작은 일들을 하나씩 실행하며 시나브로 변해갑니다. 그 시작이 새벽 기상입니다.

남편에게 보내는 무언의 메시지로 시작했던 새벽 기상은 점차 나를 변하게 했습니다. 새벽 시간 자리에 앉으면 독서실에서 처음으로 나만의 책상이 생겨 행복했던 순간이 떠올랐습니다. 책상을 비추던 불빛, 이어폰에서 흘러나오던 좋아하는 가수의 노래, 아무도 나를 찾지 않는 고요하고 차분한 나만의 세상. 꿈 많고 열정이 넘치던 고등학교 때로 돌아간 것 같았습니다. 아이가 남긴 밥을 먹을 필요도 없고, 아이가 부르는 소리에 달려가지 않아도 되었으니까요. 그저 눈을 감고 나에게 집중할 수 있는 이 시간이 좋았습니다.

오랜만에 만나는 나에게 어색하지만 반갑게 손을 내밉니다.

"안녕, 오랜만이야. 그동안 많이 외로웠지?"

삶의 시선과 무게 중심이 다시 내게로 돌아오는 순간입니다.

새벽마다 만나는 내가 좋았습니다. 이제 막 연애를 시작할 때처럼 새벽 시간이 설레기도 했습니다. 점점 잠을 줄이고 나와 만나는 시간을 늘려갑니다. 연애 초 연인과 통화하느라 늦게 자도 피곤한 줄 모르고 다음 날 거뜬히 일어나는 것처럼 말입니다. 어느새 그 시간이 새벽 4시까지 당겨졌습니다.

나를 위해 꿈을 꾸고 달립니다. 내 생각을 글로 적으며 온라인에서 다양한 친구도 만났습니다. 그동안 뒷전으로 미뤄두었던 나를 돌보기 시작하니 꿈이라는 씨앗이 생겼습니다. 새벽마다 씨앗에 물을 주었더니 힘겹게 두꺼운 땅을 뚫고 올라와 이제는 꽃을 피우려 합니다.

그 향기가 가족에게 스며듭니다. 회사 일로 힘들어하던 남편이 잊었던 꿈을 다시 바라봅니다. 함께 새벽 시간을 누리며 꿈을 향해 달려갑니다. 엄마, 아빠 마음대로 한다고 불만을 늘어놓던 아이는 이제 우리 가족이 멋지다고 합니다. 힘든 일 있을 때 묵묵히 들어주겠다며 자기에게 기대라고 편지를 쓰는 의젓한 아이로 성장했습니다. 가족과 밥 먹는 1분 1초가 소중하다고 일기에 쓰는 아이. 주변에서 우리 가족이 특별하다고 말합니다.

좋은 엄마, 괜찮은 아내라고 생각했습니다. 위기를 만나고 나의 본모습을 보았습니다. 가족에게 기대어 가족의 성과를 내 것이라고 착각하고, 다른 사람에게 인정받길 바라는 불안하기만 한 나를 말이지요.

이 책은 새벽 기상을 통해 외면했던 '나'를 만나면서 그 열정과 긍정의 기운이 가족에게 서서히 스며든 우리 가족의 성장 이야기입니다. 아침 6시면 온 가족이 일어나 하루를 맞이하며 꿈을 향해 나아갑니다. 가족 버킷리스트로 공동의 목표를 바라보며 나란히 걸어갑니다. "엄마 나빠!"를 외치던 아이가 함께 만들어 가는 가족 문화를 통해 스승의 날 '진정한 스승은 부모님'이라고 말하기까지의 가족 성장 레시피를 담았습니다.

삶이 변화하고 싶은데 무엇부터 해야 할지 모를 때, 열심히 살면서도 이게 아닌데 싶을 때, 따뜻한 가족 문화가 필요할 때 이 책을 펼쳤으면 좋겠습니다. 일상에서 아이들과 함께 활용할 수 있는 다양한 가족 문화도 담았습니다. 아이들이 밥 먹는 시간이 즐겁고, 부모님과 대화하는 시간이 기다려지길 바랍니다.

나의 시작이 책이었던 것처럼 이 책이 여러분의 변화에 작은 시작이 되길 소망합니다.

제1장

엄마의 현실 직시
: 내가 먼저 바뀌어야 해!

착각 속에 살고 있었다

　전화벨이 울린다. 황급히 전화기를 붙들고 이름을 확인한다. 아이의 수영학원 차 운전기사다. 이 시간에 전화가 왔다는 건 아이가 차를 타러 가지 않았다는 거다. 회의 중이지만 받아야 했다. 마냥 기다리게 할 수 없는 노릇이다. 회의에 방해가 되지 않게 허리를 숙이고 밖으로 나온다. 수화기 속에서 제시간에 오지 않은 아이 때문에 난감해하는 운전기사의 목소리가 들린다.

　"전화를 받지 않아 소리샘으로….'

　아이 핸드폰으로 전화를 걸어도 받지 않는다. 태권도 학원에도 전화해 본다. 역시나 아이는 오지 않았다. 학원 차량을 계속 붙잡아 둘 수는 없는 노릇이다. 다시 기사에게 전화를 걸어 오늘 하루 쉬겠다고 말한다. 10분도 채 지나지 않은 짧은 순간 도대체 죄송하단 소리를 몇 번이나 한 건지. 한숨 한번 크게 쉬고 돌아서는데 전화벨이 울린다. 아이다. 미처 시간을 확인하지 못했다는 말에 허탈했다. 아마도 집에서 TV 보느라 시계도, 휴대전화도 신경 쓰지 않았던 게지. 오늘 학원은 못 가는 것으로 알라는 말에 아이는 가겠다고 고집을 부린다.

아이 혼자 걸어갈 수 있는 거리가 아니다. 일하는 중이라 데려다줄 수도 없다. 무엇보다 회의 중간에 나왔으니 전화를 오래 붙들고 있을 수도 없다. 집에 가서 이야기하자는 엄마의 말에도 아이는 떼쓰며 전화를 끊지 않는다. 손이 바들바들 떨린다.

이번이 처음은 아니다. 제시간에 차를 탄 날보다 전화 온 날이 더 많다.

"그만하라고 했지!"

참고 참아서였을까. 말이 곱게 나가지 않았다. 목소리가 갈라지고 쉰 소리가 났다. 복도가 쩌렁쩌렁 울릴 정도였으니 회의실에서도 내 목소리가 들렸겠지. 아이의 떼쓰는 소리를 더 이상 듣지 않고 일방적으로 전화를 끊는다. 회의실로 다시 들어가자니 이제야 민망함이 몰려온다. 화가 가라앉지 않아 얼굴이 발갛고 뜨겁다.

목구멍에 백설기 떡이 걸린 듯했다. 몹쓸 눈물이 하필 이때 터지고 말았다. 회의실에는 오늘 다 들어갔다. 숨을 작게 내뱉고 화장실로 발걸음을 옮긴다. 누가 보기라도 할까 서둘러 걷는다. 거울 속 내 모습을 바라본다. 미간이 잔뜩 구겨져 있다. 화장이 번져 눈 밑이 시커멓다. 그만 울어야 하는데 눈물은 멈출 생각이 없다. 내 눈에서 나오는 눈물조차 내 말을 듣지 않는다. 내 마음대로 되는 게 하나도 없다.

'어디서부터 잘못된 걸까?'

　서울 집값이 무섭게 올랐다. 몇 달 사이에 몇억이 올랐다는 기사를 읽을 때마다 스트레스를 받았다. 친구 지수는 신랑에게 한 달 용돈 5만 원만 준다고 했다. 아끼고 아낀 돈으로 서울에 산 집이 2억이나 올랐다는 소리를 전해 들었다. 재영 언니는 집을 사면서 생활비 줄인다고 한여름에도 에어컨을 껐다. 그렇게까지 해야 하나 싶었다. 지금 당장 아이들과 추억을 쌓아도 모자랄 판에 뭐 하러 사서 고생하는 건지 이해하지 못했다. 고개를 절레절레 저었다. 나는 아이들과의 추억이 우선이고 지금의 행복에 집중할 거라며 기세등등하게 말했다. 부자가 되는 것보다 어릴 적 내가 바랐던 화목하고 행복한 가정이 우선이라 되뇌었다. 말은 그렇게 하면서도 한편으로 불안했다. 경제적으로 앞서 나가는 친구들을 보며 애써 무시하고 회피했다. 내가 괜한 고집을 부리고 있는 것은 아닌지 자꾸만 의구심이 들었다.

　아이가 학교에 들어가면서 여기저기서 전화를 받기 시작했다. 일하다가도 담임 선생님의 전화를 받으면 죄송하다는 말이 먼저 나왔다. 어쩌다 아이 친구의 엄마가 카톡을 보내면 전후 사정 묻지도 않고 우선 사과부터 했다. 아이 문제만 나오면 죄인이 된 것 같았다. 나는 점점 작아지고 있었다.

돈보다 가정이 먼저였다. 지금 당장 아끼고 불리지 않더라도 가족이라는 울타리 안에서 행복하게 살아갈 자신이 있었다. 이 정도면 가정도 잘 꾸리고, 일도 열심히 하고, 아이도 잘 키운다고 생각하며 살던 중에 학교에서 아이에 관한 전화를 받았다. 전화가 잦아질수록 내 마음이 흔들리기 시작했다. 그렇게 자신했던 가정도, 아이도 뭐 하나 제대로 되는 일이 없는 것 같다.

'여태껏 나는 뭘 한 거지?'

멈출 생각이 없는 듯한 눈물은 아이 때문인지 나에 대한 실망 때문인지 알 수 없다. 눈물이 많은 건 알고 있었지만, 이 정도인지는 몰랐다. 요즘 들어 사소한 일에도 눈물부터 터졌다. 휴지를 대충 뭉쳐 두 눈을 꾹꾹 누른다. 눈을 감고 깊은숨을 들이마신다. 끓어오르던 감정이 차분히 가라앉는다. 화장을 대충 정리하고 서둘러 회의실로 돌아간다. 빨갛게 부은 눈으로 자리에 앉는다. 다들 알고 있지만 묻지 않는다. 모른척해 줘서 고맙다.

퇴근길, 다리가 천근만근이다. 하루가 끝나간다는 마음에 긴장이 풀려서였을까. 당장에라도 소파에 쓰러져 눕고 싶은 마음이다. 아이에게 소리 지른 것이 이내 마음에 걸린다. 돌덩어리 수만 개가 올라와 있어도 이것보다 덜 무겁겠다 싶다. 이대로 집에 가 아이 얼굴을 보면 말이 곱게 나가지 않을 게 뻔했다. 잠시 걸으면서 생각을 정리해 본다.

회의실 복도에서 소리를 지를 만큼 화날 일은 아니었다. 아이는 충분히 그럴 만했다. 나도 어딘가에 빠져있으면 시간 가는 줄 모르지 않나. 아이는 핑계였을 뿐 문제는 나였다. 나에게 화가 나고 답답했던 거다. 진작부터 무언가 삐끗거린다고 느끼고 있었다. 인정하기 싫어 괜찮은 척, 아무 일 없는 척, 잘하고 있는 척했다. 괜찮다고 나에게 거짓말하며 살았다. 더 이상 모른 척할 수 없다.

언제까지 이렇게 살 수만은 없지 않은가. 용기를 내어 현실을 마주해야 했다. 착각 속에 살고 있었다는 걸 인정해야 했다. 지금의 내 모습을 바로 보는 것이야말로 변화의 시작이기 때문이다. 나지막한 목소리로 읊조려 본다. 착각 속에 살고 있는 나에게 괜찮지 않다고, 바뀌어야 한다고, 한번 해 보자는 말과 함께.

제법 차가워진 바람이 스쳐 가는 10월의 어느 날, 두 볼에 흐르는 눈물은 어느 때보다 뜨거웠다.

육아를 책으로 배웠다

신혼 초 신랑과 약속 하나 했다. 싸우더라도 아이들 앞에서 절대 이혼 이야기를 하지 말자는 것이다. 아직 기억나는 어릴 적 몇 장면이 있다. 부모님이 안방에서 큰 소리를 내며 싸우고 있었다. 방문 밖으로 전해지는 독한 말들에 어린 나는 어쩔 줄 몰라 발만 동동 구르고 있었다. 싸우는 소리가 새어 나오는 안방 문 앞에 서서 고개 숙여 우는 것밖에 할 수 있는 게 없었다. 작은 손으로 문을 두드리며 그만 싸우라고 소리쳤다. 그마저도 엄마, 아빠의 소리에 묻혀 허공에 흩어져 버렸지만.

어릴 적 나의 꿈은 행복한 가정을 꾸리는 거였다.

나는 초등학교 교사다. 아이들을 좋아하고 가르치는 것이 행복해서 초등학교 선생님이 꿈이었다. 힘든 시간도 있었지만, 교단에 서서 아이들과 함께하는 시간이 행복했다. 반 아이들도 이렇게 예쁜데 내 아이는 오죽할까 싶었다. 아이들이 나를 잘 따라주었고 학급 운영에 자신도 있는 만큼 좋은 엄마가 될 거라 자부했다.

　내가 만날 배우자도 아이를 좋아할 거라 생각했다. 우리를 닮은 사랑스러운 아이들을 낳을 것에 한 치의 의심도 없었다. 그렇게 아이 좋아하는 남자와 결혼했다. 생각했던 대로 내 꿈이 이뤄지나 싶었다. 인생 공부가 덜 되었던 탓이었을까. 세상에 당연한 것은 없었다. 금방 만날 것이라 생각했던 아이가 찾아오지 않았다. 꿈을 의심하지 않았기에 난임의 충격은 말로 표현하기 힘들었다. 그렇다고 좌절하고 앉아 있을 수만은 없었다. 인공수정을 하기로 결심했다. 노력하는 이의 진심을 하늘이 알아주었을까. 세 번의 인공수정 끝에 시험관으로 어렵사리 아기 천사를 만났다.

　세상을 다 얻은 것과 같은 기쁨도 잠시, 임신을 유지하는 과정 또한 쉽지 않았다. 급기야는 자궁경부가 짧아져 임신 중 수술까지 받았다. 조산기까지 보여 임신 5개월부터 침대에 누운 채로 지냈다. 8개월을 꽉 채우고 나서야 이제 걸어 다녀도 된다는 말을 들었다. 폐가 어느 정도 성숙했기에 조산하더라도 위험한 상황은 넘길 수 있게 되었다. 답답했지만 그대로 누워있었다. 내가 답답한 것보다 아이가 건강하게 태어나는 게 우선이었다. 사랑한다는 말 대신 천천히 있다 나오라는 말을 더 많이 하게 될 줄이야. 혼자 말하고 답하며 마음의 불안을 달랬다.

　아이를 낳는 과정을 겪어 본 적이 없었기에 임신·출산에 대해 알려주는 책을 보고 또 봤다. 혹여 일찍 나오게 되면 아이 몸무게라도 많이 나가야 한다기에 누워서 먹기만 했다. 덕분에 막달까지 30kg이 쪘다. 쉬운 과정은 하나도 없었다. 책에서 읽은 것처럼 열 달이 지나면 그냥 아이가 쑥 나오는 것이 아니었다. 막달 초음파 검진에서 태아가 목에 탯줄을 세 번이나 감고 있다는 것을 발견했다. 호흡조차 불안정해 자연분만 대신 제왕절개로 아이를 낳았다. 임신 준비에서 출산 그 순간까지 책대로 흘러가지 않았다. 쉽게만 느껴지는 과정이 내게는 산 넘어 산이었다. 한 가지씩 일이 생길 때마다 마음 졸였고 기도가 절로 나왔다. 그저 건강하기만을 바랐다. 더 이상 욕심부리지 않겠다고 다짐했다. 아이의 우렁찬 울음소리를 듣는 순간 긴장했던 마음이 눈 녹듯 사라졌다.

좋은 부모가 되고 싶었다. 내가 겪었던 어린 시절의 경험을 아이들에게 남겨주고 싶지 않았다. 육아에도 공부가 필요했다. 우리 둘 다 모르는 게 많았다. 학창 시절부터 지금까지 책으로 모르는 것을 배워왔다. 육아도 책으로 공부했다. 신랑은 아이들을 만나기 전부터 EBS 육아 관련 책들을 읽었다. 나는 조산기가 있는 동안 누워서 교육 프로그램을 봤다. 교육학도 전공했으니 아이를 키우기 위한 공부는 충분하다고 생각했다. 준비된 엄마, 아빠인 만큼 우리 부부에게 태어나는 아이는 누구보다 행복할 거라 자신했다.

어느덧 연년생 엄마가 되었다. 현실은 책과 달랐다. 직접 키워보기 전에는 몰랐던 사실이다. 아이가 울 때 책에서 하라는 대로 해 봤지만 소용이 없었다. 아이는 바닥을 뒹굴며 다리를 공중에서 마구마구 휘저었다. 우는 이유를 말해 주지도 않았다. 책에서 배운 대로 차분한 목소리로 엄마의 감정을 전달해 보지만 말이 통할 리 없다. 아이 울음소리에 내 목소리가 파묻힐 뿐이다. 결국 식당에서 아이 데리고 몇 번이고 나갔다 들어와야 했다. 내가 상상했던 고상하고 차분한 엄마는 현실 속에 없었다. 헝클어진 머리, 늘어난 티셔츠에 얼굴이 발갛게 달아올라 어쩔 줄 모르는 내가 있을 뿐이다.

아이는 자다가 이유 없이 소리를 지르며 울었다. 어르고 달래 보지만 울음은 그치지 않았다. 한두 시간이 지나고 나서야 지쳐 잠든 아이의 모습을 보며 나도 참았던 울음이 터져 나왔다. 이유를 알 수 없으니 어떻게 해야 할지도 몰라 답답했다.

두 아이가 서로 안아달라고 울면 모두 만족할 수 있는 방법을 찾기 위해 발을 동동 굴렀다. 어쩌란 말이냐. 엄마는 하나고 엄마 품도 하나인 것을. 둘이 같이 안기면 좋으련만 꼭 한 명씩만 안기겠다니 방법이 없었다. 이것저것 해 보다가 결국 주저앉아 아이들과 같이 울었다. 엄마의 우는 모습에 아이들이 놀라 울음을 멈추고 잠시 엄마를 바라보지만 결국 더 크게 운다. 아이들 울음소리가 커질수록 깊은 좌절감이 몰려왔다.

육아를 책으로 배웠다. 아이들을 기다린 만큼 누구보다 더 많이 공부하고 열심히 준비했다. 내가 낳은 두 아이의 성향도 이렇게 다른데 책에 소개된 이론이 어떻게 우리 아이들에게 딱 맞아떨어질 거라 기대했을까. 책과 현실은 달랐기에 그 뒤로 책을 읽지 않았다. 책에서 하라는 대로 해 봤자 나아질 게 없다고 생각했으니. 정작 우리 아이를 먼저 볼 생각은 못 했다. 적절하게 바꾸어 적용할 생각은 하지 않고 몇 번의 경험으로 책은 다 소용이 없다고 성급히 결론지었다.

어린이집 생활에서도 문제들이 보였지만 보려 하지 않았다. 화목한 날이 더 많으니 아이가 떼만 쓰지 않으면 나름 괜찮았다. 엄마가 일을 하다 보니 아이가 힘들어서 그런 거라고, 이 정도 고집은 어느 아이나 다 있다고 스스로 합리화시켰다. 책에는 모범 답안만 쓰여 있기에 우리 아이가 현실 속 평범한 모습이라고 말이다. 문제를 제대로 마주하지 않고 회피했다.

어쩌면 틀렸다는 것을 인정하고 싶지 않아서였을 거다. 내가 틀린 것이 아니라 책이 틀렸다고 말해야 마음이 편할 테니. 결국 쌓이고 쌓이면 터지게 되어 있다.

변화하고 싶었는데 주저앉아버렸다

6시 알람이 울린다. 잠결에 꺼버렸다. 눈을 뜨니 벌써 주변이 환하게 밝아온다. 두 눈 동그랗게 뜨고 시간을 확인한다. 늦었다! 잠시 눈을 감았다 떴을 뿐인데 벌써 6시 30분이다. 6시 50분에는 출발해야 학교에 8시 20분까지 도착할 수 있다. 준비 시간이 20분도 채 남지 않았다. 후다닥 씻고 머리도 말리지 못한 채 집에서 뛰쳐나온다.

지하철이 곧 도착한다는 전광판 글씨가 보인다. 전속력으로 달린다. 지하철도 자주 오지 않아서 이번에 놓치면 속절없이 10분을 기다려야 한다. 치마를 입고 구두도 신었지만 개의치 않는다. 계단을 두 칸씩 뛰어올라 겨우 지하철을 타고 안도의 한숨을 내쉰다. 자리에 앉으니 그제야 유리창에 비친 내 모습이 보인다. 얼핏 보면 야근하고 이제 퇴근하는 사람이라고 생각할 수도 있겠다. 헝클어진 머리를 매만지고 옷매무새를 다잡는다.

나는 서울, 신랑은 인천에서 근무했다. 아이들이 직장 어린이집에 다니고 있었기에 신랑 회사 근처에서 살고 있었다. 덕분에 왕복 3시간이 넘는 출퇴근 시간은 온전히 내 몫이었다. 아이들 등원은 신랑이 맡았다. 어린이집에서 보내준 아이들 활동사진을 보면 아침에 얼마나 정신이 없었는지 짐작이 갔다. 옷이 거꾸로 입혀져 있기도 했고, 딸아이 머리는 정돈되지 않은 채 헝클어져 있었다. 머리를 빗을 시간도 없었을 거다. 묶는 건 바랄 수도 없었다.

　더 자고 싶어 뭉그적거리는 아이들과 출근 시간에 늦지 않기 위해 서둘러야 했을 신랑의 전쟁 같은 아침이 상상되었다. 두 아이를 챙겨서 등원시킨 후 출근하는 게 얼마나 힘든지 알기에 왕복 3시간 출퇴근이 힘들다고 말할 수 없었다. 신랑은 내 몸 하나 챙겨 출근하는 내가 더 나아 보이지 않았을까. 반대 상황이었다면 나는 분명 그리 생각했을 거다.

　2018년, 첫째 서이가 초등학교 입학을 앞두고 있었다. 아이가 학교에 들어가면 엄마가 챙겨야 할 것이 늘어난다. 가장 큰 변화는 하교 시간이다. 늦은 시간까지 보육을 맡아주던 어린이집과는 달리 1학년은 2시 전이면 끝난다. 빠르면 12시 30분에도 집에 온다. 학교에 돌봄 서비스가 있으나 어린이집처럼 늦게까지 남아있는 친구들이 많지 않다. 급할 때 아이를 부탁할 수 있는 친정엄마와 언니도 서울에 살고 있었다. 결국 내 직장 근처로 이사를 했다.

　그 당시 서울 집값이 한창 오르고 있을 때라 집을 사지 않고 지켜보기로 했다. 분명 인천 집을 살 때는 서울 집값과 큰 차이가 없었는데 그사이 따라갈 수 없을 정도로 격차가 벌어져 있었다. 내 집 하나 장만하는 것도 쉽지 않으니 한숨이 절로 나왔다. 정신없이 흘러가는 시간 속에서 연년생 육아도 힘에 겨웠다. 마음의 여유는 바랄 수도 없었다.

하루하루가 힘들다면서도 바꿔 볼 노력은 하지 않았다. 그저 나 하나만 참으면 되는 줄 알았다. 문제를 해결할 생각은 하지 않고서.

서이가 현장 체험학습을 가는 날 아침이었다. 하필 우리 학교는 운동회가 있는 날이다. 그 당시 방송 담당 업무를 맡고 있었기에 평소보다 더 일찍 출근해서 장비를 점검해야 했다. 아침부터 아이 도시락을 싸느라 정신이 없었다. 아이 가방에 도시락과 간식을 급하게 챙겨 넣었다. 유치원에 다니던 둘째 후를 데리고 서둘러 차를 탔다. 평소보다 일찍 일어난 후는 잔뜩 심통이 나 있었다. 집을 나서는 순간부터 차를 탈 때까지 왜 일찍 가야 하냐고 떼를 썼다. 늦으면 안 된다는 생각만 가득했다. 아이 말에 대꾸할 여유도 없었다. 멈추지 않는 아이의 떼에 참다 참다 버럭 소리를 질렀다.

마음이 급했다. 차에 타자마자 시동을 켰고 서둘러 출발하면서 기어를 완전히 바꾸기도 전에 엑셀을 밟았다. 그대로 주차된 앞차를 박았다. 아이도, 나도 놀라 아무런 말도 할 수 없었다. 그 와중에 운동회가 걱정되었다. 집에 있는 신랑에게 뒤처리를 맡기고 가야만 했다. 학교에서 해야 할 일을 마무리 짓고 그제야 커피 한잔 마실 여유가 생겼다. 아침에

난 사고, 그리고 아이에게 버럭했던 순간이 떠올랐다. 커피를 들고 있는 두 손이 떨렸다.

무엇 때문에 이렇게 정신없이 살아야 하는가. 아침마다 두 아이 챙기느라 밥 한술 제대로 못 떴다. 퇴근하면 종종걸음으로 집에 와서 밀린 집안일을 하고 아이들 밥을 차렸다. 무언가 이룬 것 없이 하루가 바빴고 정신이 없었다. 내 삶은 불만투성이가 되어갔다. 집도, 아이도, 나도 다 마음에 들지 않았다.

다람쥐 쳇바퀴 구르는 듯한 삶을 반복하며 살 순 없었다. 현실에 이리 저리 끌려다니는 일상에 변화가 필요했다. 다른 사람들은 어떻게 살고 있는지 궁금했다. 성공한 사람들의 자기계발서를 여러 권 찾아 읽었다. 그들의 공통점이 보였다.

새벽 기상, 운동, 독서

흰 종이 위에 세 단어를 쓰고 내가 할 수 있는 게 뭐가 있는지 생각해 봤다. 올빼미형인 내게 새벽 기상은 무리였다. 아이들 재우고 밤늦게 신랑과 먹는 맥주 한잔과 야식이 삶의 행복인데 이걸 포기할 수는 없다. 운동은 힘들어서 못 하겠다. 운동을 하면서 재미를 느껴본 적 없었다. 지금껏 다양한 운동을 시작했으나 지속한 적이 없는 이유였다. 독서는 조금씩 하고 있었지만 삶이 변화되는지 잘 모르겠다. 책에서 하는 뻔한 이야기를 읽고 내 삶에 무슨 변화가 생기겠나 싶었다.

뭘 해도 안 되는 이유부터 보였다. 무엇부터 시작해야 할지도 알 수 없었다. 지금도 정신이 없는데 어떻게 새로운 목표를 세우고 실행한단 말인가! 나를 위한 시간을 낸다는 건 생각조차 할 수 없었다. 꿈꾸는 것조차 사치 같았다.

하지 말아야 할 핑계가 가득했다. 변화하고 싶다고 말은 했지만, 지금껏 누려왔던 편안함을 버릴 생각은 없었던 거다. 시작하면 안 되는 이유만 눈에 보였다. 그게 핑계인 줄도 모르고. 포기하는 것 없이 결과가 달라지길 바랐다. 똑같이 살면서 어제와 다른 미래를 기대하는 것은 정신병 초기 증세라던 아인슈타인의 말이 딱 그때의 나였다.

부정적인 생각은 우울한 감정을 불러온다. 우울한 감정은 이내 곧 무기력을 끌고 왔다. 집에 오면 쉬고 싶다는 생각만 가득했던 나처럼 말이다. 변화하고 싶다는 마음만 있을 뿐 무기력에 휘둘려 아무런 행동도 하지 않았다. 생각이 감정을, 감정이 행동을 물고 늘어지는 상황에서 주저앉아버리고 말았다. 그게 늪인 줄도 모른 채 말이다. 예전의 나로 돌아간다면 같은 선택을 하지 않을 것이다. 변화하고 싶다는 생각에 반드시 행동을 붙여볼 것이다. 생각만으로 변하는 건 없으니. 늪에 빠지는 나를 내가 가만두고 볼 수는 없지 않은가.

머물러 있다는 건 뒤처진다는 뜻이야

"엄마, 우리 토요일에는 어디 가?"

아이들이 기대에 찬 눈빛으로 물었다. 이번 주는 친구들과 키즈카페에 가기로 했다. 아이들은 키즈카페란 말이 떨어지기가 무섭게 거실을 방방 뛰어다녔다. 저렇게나 좋을까. 그 모습을 바라보며 흐뭇했다.

친구들은 나를 연예인이라고 불렀다. 약속을 잡으려면 두세 달 뒤에나 가능했기 때문이다. 주말마다 가족 모임, 친구들과 여행 약속으로 일정이 꽉 차 있었다. 한 번씩 나갔다 오면 몇십만 원 쓰는 건 예사였다. 카드로 긁었으니, 마음에 불편함도 없었다. 주말에 어디 나가지 않으면 아이들도 어색해했다. 약속이 없으면 우리끼리 놀이공원, 동물원, 테마파크에 갔다. 평일에 열심히 일했으니, 주말에는 추억을 쌓아야 한다며 밖으로 돌아다녔다.

매달 카드 값이 월급만큼 나왔다. 월급은 통장에 들어왔다가 흔적만 남기고 카드 청구서와 함께 사라졌다. 가끔은 월급보다 넘쳐 마이너스 통장에서 빠져나갔다. 한번 늘어난 마이너스 통장은 쉽게 줄지 않았다. 성과급이 나와 마이너스 통장의 잔고를 줄여놓으면 눈 깜짝할 사이 점점 늘어나 또다시 한도까지 차버렸다. 여윳돈이 생기면 채우고 쓰기를 반복했다.

눈을 크게 뜨고 이용 내역을 살펴봐도 허투루 쓴 건 없었다. 명품 가방을 산 것도 아니고, 비싼 옷을 산 것도 아니었다. 여행으로 추억을 쌓고, 가족들 좋아하는 밥 사 먹고, 마트에서 필요한 생필품 산 게 전부였다. '스쳐 지나가는 월급'이라는 말을 들으며 남들도 다 나와 비슷하게 산다고 생각했다. 내 월급뿐만 아니라 남의 월급도 통장에 잠시 스쳐 지나간다고 말이다. 월급이란 누구에게나 다 그런 존재일 거라고.

회식 자리에서 월급이 다 어디로 가는지 모르겠다고 웃으며 말하는 내게 한 선배가 심각한 표정으로 말했다.

"지금은 애들이 어려서 돈 쓸데도 없는데 벌써 그러면 어떻게 해?"

순간 얼굴이 달아올랐다. 남들도 그렇게 사는 줄 알았는데 아니었나 보다. 무언가 잘못되었다는 생각이 스쳐 지나갔다. 집에 오는 길 고지서를 다시 뚫어져라 쳐다봐도 어디에서 돈을 줄여야 할지 알 수 없었다. 돈 쓴 데는 다 이유가 있어 보였다.

아이들이 커갈수록 선배의 그 한마디가 자주 떠올랐다. 어린이집 다닐 때는 들지 않던 교육비가 늘어나기 시작한 거다. 24년 3월에 나온 통계청 자료에 따르면 우리나라 사교육비는 매년 증가하고 있다. 조사에 참여한 초등학생 6학년의 월평균 사교육비는 49만 1천 원, 중학교 3학년은 61만 5천 원, 고등학교 1학년은 74만 원이다. 전년 대비 초, 중, 고등학교 교육비가 모두 증가하였다. 우리 집도 초등학교와 중학교에 들어간 두 아이 교육비가 점점 늘어나고 있다.

교육비뿐만이 아니다. 식비도 만만치 않다. 이유식 먹을 때와는 달랐다. 먹고 돌아서면 배고프다는 아이들을 위해 냉장고에 고기와 먹거리를 채워놔야 했다. 아이들 옷과 생필품에 들어가는 비용도 늘었다.

돌아보니 아이들 어렸을 때가 종잣돈 모으기 가장 좋은 시간이었다. 그것도 모르고 중요한 시기를 그냥 흘려보냈다. 다시 그때로 돌아간다면 바로 종잣돈을 모으고 재테크 공부를 시작할 거다. 아직도 그때 시작하지 못한 것이 못내 아쉽다.

서울로 이사를 하면서 그동안 회피했던 우리 집 재정 상태를 제대로 들여다보게 되었다. 아이들 키우면서 3년 휴직하고 그 후 4년 동안 맞벌이를 했다. 회사 어린이집에 다녔기에 아이들에게 큰돈 들 일도 없었다. 하지만 모은 돈도 얼마 되지 않았다. 그마저도 한도까지 차 있는 마이너스 통장에 넣으면 끝이었다. 새벽마다 일어나 왕복 3시간 걸리며 출퇴근했다. 늦은 시간까지 아이들을 어린이집에 맡겨가며 일해온 결과가 마이너스 통장뿐이라니. 허탈했다. 차라리 마음껏 쓰기라도 했으면 좋았겠다 싶다. 발 동동 굴러가며 번 돈이 다 어디로 사라졌는지 알 길이 없었다.

"지수가 이번에 아파트를 또 샀대."

내가 주말마다 키즈카페를 다닐 때 한 달 용돈 5만 원을 쓰던 친구는 아이들과 아파트 모델 하우스를 다닌다고 했다. 친구는 이제 노력에 대한 열매를 거두고 있었다. 서울에 30평대 아파트를 사더니 신축 아파트를 하나 더 분양받았다. 나는 살고 싶은 곳에 아파트 하나 마련하기도 벅찬데 친구는 벌써 이사 갈 새집을 마련했다. 친구와 내가 마치 동화 속 토끼와 거북이 같았다. 잘 뛴다고 길바닥에 주저앉아 편안함을 누리던 나. 힘든 상황 속에서도 멈추지 않고 거북이처럼 꾸준히 자기 갈 길 간 친구. 분명 같은 출발선에 서 있었는데 어느샌가 저 멀리 가 있는 친구를 부럽게 바라보고 있었다.

남보다 앞서지는 않았지만 나에게 주어진 역할 꿋꿋이 해내며 바쁘게 살았다. 부자가 되고 싶은 마음은 없었다. 그저 하고 싶은 일 하고, 먹고 싶은 거 먹으며 소소한 행복에 감사하며 살면 그만이었다. 먼저 뛰어가는 친구들을 보며 나는 지금 내 삶에 만족한다고, 그냥 여기에서 편하게 머물러 있겠다고 말했다. 그렇게 힘겹고 빡빡하게 살면서 앞서 나가고 싶지 않다고 말이다.

지금 보니 머물러 있는 것이 아니라 점점 뒤처지고 있었다. 아침에 아이 머리 하나 제대로 묶어주지 못하고 출근하면서 도대체 뭐가 그리 만족스러웠을까. 깜깜한 저녁이 되어서야 어린이집에 있는 아이들을 만났다. 엄마를 보자마자 안기며 투정 부리는 아이들 마음 받아줄 여유도 없이 살았다. 얼마 남지 않은 저녁 시간, 밥 먹이고 씻기고 재우기 바빠 아이들 커 가는 것도 제대로 눈에 담지 못했다. 왜 조금 더 여유롭고 풍요로운 삶을 꿈꾸지 못했을까.

힘들어도 괜찮다고, 웃으며 열심히만 살면 되는 줄 알았다. 그럼 그 자리에 머물며 지금과 같은 삶이 보장될 거라고 믿었다. 나 하나만 참으면 될 줄 알았는데. 돌아보니 전쟁 같은 아침을 보냈을 신랑도, 오랜 시간 엄마 품 대신 어린이집에 맡겨졌던 아이들도 참고 견디는 시간이었다.

더 나은 삶을 꿈꾸지 않았으니 발전이 있을 리 없다. 성장하며 앞서가는 다른 사람을 그 자리에서 물끄러미 바라만 볼 뿐. 머물러 있다는 건 뒤처진다는 거였다.

절약이 지긋지긋했다

어릴 적 우리 집은 외벌이에 자식이 많다 보니 생활이 넉넉지 않았다. TV 속 드라마를 볼 때마다 저녁 식사 후 과일을 깎아 먹는 가족이 그렇게 부러웠다. 과일은 명절이나 제사 때만 먹을 수 있는 귀한 음식이었기 때문이다. 겨울이 되면 엄마가 사 오는 귤 한 박스가 그 자리에서 반이 없어졌다. 참치 한 캔도 그냥 먹지 않았다. 소금 잔뜩 뿌려 짜게 만들었다. 밥 한 숟가락에 참치 조금 올려 맛만 느낄 정도로.

한겨울 집에서 반팔을 입고 다니는 친구들도 부러웠다. 보일러는 다 같이 지내는 안방에만 틀었기에 집에서도 부엌을 가려면 패딩을 입어야 했다. 엄마는 늘 찬물로 설거지했고, 서 있기만 해도 발이 시린 부엌에서 우리를 위한 밥을 준비했다. 안방에서 밥을 먹다가 부엌에 물이라도 가지러 갈 때면 언니와 나, 동생은 가위바위보를 했다. 방문을 나서는 순간 냉기가 확 올라왔기 때문이다. 바닥도 냉골이라 뛰어서 갔다 왔다. 지금도 친정에 모이면 가위바위보를 잘한다. 설거지, 커피 사기는 무조

건 가위바위보다.

머리를 감거나 샤워하는 중에 온수가 뚝 끊기기도 했다. 그럴 때마다 엄마를 크게 불렀다.

"악! 엄마! 보일러 또 껐어?"

"아직 다 안 씻었어? 다 씻은 줄 알았지."

다 씻은 줄 알았다지만 우리는 안다. 기름값이 비싸니 온수를 그만 쓰고 나오라는 무언의 압박이었다. 보일러를 켜도 온수가 바로 나오지 않았다. 차가운 기운이 맴돌아 입김이 절로 나오는 욕실에서 옷을 벗은 채로 벌벌 떨면서 따뜻한 물이 나오길 기다렸다. 미지근한 물이라도 나오면 엄마가 다시 보일러를 끄기 전에 후다닥 마무리하고 나왔다. 엄마에게 말해도 소용이 없다는 걸 알면서도 짜증을 한 바가지 쏟아 냈다.

자식에게 이 정도였으니 본인에게는 얼마나 혹독했을까. 엄마는 라면을 먹고 싶어도 참았다. 천 원도 안 하는 라면을 본인 먹자고 사는 게 아까워 못 먹은 게 서글픈 기억으로 남아있었다. 자식들 문제집이라면 얼마라도 쓰던 분이 본인을 위해서 단돈 천 원도 안 쓰는 삶을 산 거다. 치열하게도 살았다.

아빠는 강원도 동해에서 제일 큰 시멘트 회사에 다녔다. 나름 대기업이었기에 복지도 나쁘지 않았다. 한 달에 한 번 회사에서 나온 고기 표로 정육점에서 삼겹살을 사 먹었다. 마음껏 고기를 먹을 수 있는 그날이 그렇게 기다려졌다.

악착같이 공부해서였을까. 고3 올라갈 때 성적이 올라 장학금을 받게 되었다. 운동장 단상에서 장학 증서를 받고 교실로 들어서는데 몇몇 친구들이 가정형편이 어려워서 주는 거라고 수군거렸다. 이미 담임 선생님에게 장학금을 받는 이유를 전해 들었고, 아빠 회사에서 학자금 지원도 받고 있었기에 그 이유가 아니라고 말하고 싶었다. 그 순간 소매 끝이 터져 실밥이 너덜거리는 교복이 눈에 들어왔다. 하필 지금 보일 게 뭐람. 엄마의 짠순이 기질로 아빠의 월급 대부분을 저축했으니 친구들이 그렇게 보는 것도 무리는 아니었다. 그날따라 지독하게도 아끼는 엄마가 미웠다. 더 이상 해진 교복 재킷을 들키기 싫어 소매 끝을 주먹으로 쥐고 다니는 버릇이 생겼다.

중고등학교 시절에는 의무적으로 해야 하는 봉사활동 시수가 있었다. 주말 동인 관공서를 돌아다니며 청소나 책 정리 등으로 시간을 채웠다. 평소에는 교복을 입고 다녀 괜찮았지만 주말에 친구들을 만나는 일은 곤혹이었다. 입을 옷이 별로 없었기 때문이다. 몇 개 안 되는 옷을 이리 입었다 저리 입었다 반복하며 그나마 가장 나은 옷을 선택했다. 엄마한테 옷을 사달라고 말하지 않았다. 엄마가 얼마나 치열하게 살고 있는지 어린 내 눈에도 보였기에 사고 싶은 것 참고 살았다. 해진 소매 끝 실밥들을 가위로 자르고 주먹으로 쥐고 다닐지언정. 그렇게라도 엄마를 도와드리고 싶었다.

친구들을 만나러 나가는 길, 우연히 쇼윈도에 비친 내 모습이 보였다. 가던 걸음 멈추고 그 모습을 위에서 아래로 훑어보았다. 짧은 커트 머리에 연한 베이지 쫄바지와 회색 상의를 입은 나. 그 위에 누가 봐도 어울리지 않는 갈색 코트를 걸쳐 입었다. 코트가 하나밖에 없었으니 다른 선택의 여지가 없었다. 패션에 대해 잘 알지 못하는 내가 봐도 촌스러웠다. 봉사활동이고 뭐고 이대로 집으로 돌아가고 싶었다.

그때 쇼윈도에 비친 내 눈을 바라보며 결심했다. 대학 가면 돈 벌어서 입고 싶은 옷 다 입고, 먹고 싶은 것도 마음껏 먹겠노라고 말이다.

넉넉하지 못한 살림에 엄마에게 돈은 종교였다. 돈 때문에 서러웠던 적 많았다고 했다. 잘 사는 이모네와 달리 자식 많고 술 좋아하는 아빠로 친정에서 대접받지 못한다고 생각했다. 친정에 갈 때마다 안쓰럽게 바라보는 시선도 싫었을 거다. 엄마는 악착같이 돈을 벌어서 모았다. 돈 없는 서러움을 우리에게까지 물려주고 싶지 않다고. 건물 청소, 화장품 판매, 보따리 장사 등 닥치는 대로 일을 했다. 몸이 아파 병원에 다니면서도 일을 쉬어본 적 없었다.

다만 우리 교육에 관해서는 돈을 아끼지 않았다. 중, 고등학교 때 문제집 많이 잃어버렸다. 아니 잃어버린 척했다. 그래야 문제집값으로 그나마 부족한 용돈을 채울 수 있었기 때문이다. 물론 돈을 받기 전 엄마에게 욕 한 바가지 들어야 했지만 잠시만 참으면 그만이었다. 친구들 앞에서 돈 없어 곤란한 상황보다 그게 더 나았다.

　먹고 살라치면 부족하게 살 정도는 아니었다. 여유롭진 않았으나 지원을 받을 정도로 없지도 않았다. 그저 부모님은 돈 없는 서러움이 싫어 미래를 위해 지독하게 절약했다. 절약하기 쉬운 게 식비였기에 먹고 싶은 것 많이도 참았다.

　내가 받은 서러움, 아이들에게 물려주고 싶지 않았다. 엄마가 우리에게 물려주고 싶지 않았던 것과 다른 모습의 서러움이었다. 절약은 지긋지긋했다. 돈을 벌기 시작하면서 먹고 싶은 음식에 돈을 아끼지 않았다. 친구들에게 옷으로 주눅 들었던 나였기에 아이 옷은 깔끔하고 예쁘게 챙겨 입혔다. 주말마다 여행도 다녔다. 서이 친구들이 그런 서이를 부러워했다. 그 말이 그렇게 뿌듯했다. 내가 누리지 못했던, 어린 내가 간절히 바랐던 삶을 아이가 대신 살고 있는 것 같았다.

　몸은 어른이지만 내 마음속에는 여전히 어린 내가 웅크리고 있었다. 절약이 지긋지긋했던 어린 시절의 내가 말이다.

미래보다 현재가 우선이었다

대학교에 들어오면서 기숙사에서 살았다. 기숙사에 짐을 풀던 날 낯선 환경에 눈물이 찔끔 나기도 했지만, 대학 생활에 대한 기대로 설렘이 더 컸다. 학교에 적응이 끝나자마자 5월부터 과외 아르바이트를 했다. 태어나서 처음으로 일을 해서 돈을 벌었다. 과외를 통해 번 돈으로 필요한 것들을 샀다.

먹고 싶은 것, 입고 싶은 것, 하고 싶은 것 많이도 참고 살아왔다. 미래를 위해 현재를 희생했던 어린 시절이 안타까웠다. 엄마처럼 아끼기만 하면서 살기 싫었다. 눈에 보이지 않는 미래보다 당장의 현실이 더 중요했다. 아르바이트로 돈을 벌기 시작하니 그야말로 신세계였다. 원하는 모든 걸 할 수는 없었지만 적어도 참치에 소금을 뿌려 먹진 않아도 되었다. 과외 개수가 늘어날수록 사고 싶은 것도 많아졌다. 어릴 적 참고만 살았던 삶에 대한 보상 같았다.

대학을 졸업하고 취직을 한 후, 월급의 일정 부분은 시집 자금으로 엄마에게 보내야 했다. 결혼할 돈도 마련해 놓지 않고 다 쓸까 봐 걱정이었나 보다. 언니도 그랬으니 이상하다 생각하지 않았다. 엄마가 나 대신 돈을 차곡차곡 모아주고 있으니 돈 공부할 필요성을 못 느꼈다. 학교에서 배운 적도 없다. 은행 금리에 대해서도 몰랐고 주택청약 저축도 나와는 상관없는 일이라 여겼다. 남은 돈은 그저 쓰면 그만인 것을.

아침에 일어나 출근하기 전 원하는 옷을 골라 입고 화장에도 공을 들였다. 거울 속 내 모습이 만족스러웠다. 쇼윈도에 비추던 촌스럽고 초라했던 고등학교 때 모습은 이제 찾아볼 수 없었다. 주변에서 옷 예쁘다고 한마디 하면 입꼬리가 절로 올라갔다.

'그래, 아끼느라 아등바등 살 필요 없어. 지금이 행복해야지. 이게 사는 거지!'

그렇게 현재의 삶을 누렸다.

결혼하고 더 이상 엄마에게 시십 자금을 보낼 필요가 없어졌다. 온전한 월급을 처음 받았다. 신랑 월급까지 통장에 들어왔지만 어떻게 해야 할지 몰랐다. 돈 관리를 해 본 적이 없었으니 말이다.

결혼 전 신랑은 가계부를 썼다. 나름의 형식을 만들어 돈 쓴 내역을 정리했고 그 뒤에 영수증을 붙였다. 몇 년간 모아놓은 가계부를 보면 감탄이 절로 나왔다. 신랑이 그대로 가계부를 썼으면 좋았을 걸 내가 하겠다고 고집을 피웠다. 여자인 내가 가정경제를 손에 쥐고 살림을 꾸려가야 한다고 주장했다. 재정을 담당하는 게 권력이라고 생각한 모양이다. 가계부는 몇 달 쓰지 못하고 결국 흐지부지되었다. 부부 중 잘하는 사람이 관리하고 같이 결정하면 됐을 텐데. 돌아보니 신혼 초 부부가 함께 재무 목표를 세우고 그에 따른 실행방법을 찾는 것이 얼마나 중요한지 알겠다. 신랑에게 가계부를 맡기고 함께 의논하는 게 돈을 빨리 모을 방법이었는데 지나고 보니 그렇게 하지 못한 게 아쉽다.

그래도 나름 재테크에 관한 책을 읽고 가정경제에 대한 큰 흐름을 잡았다. 그 당시 유명했던 몇 개의 펀드에 '10년 후 여행 가자!', '내 집 마련', '자녀 대학자금' 등의 이름을 붙여 적립식 투자를 시작했다. 몇 년이 지난 후 7~8%의 수익이 난 펀드도 있었고 수익률이 마이너스 50%인 것도 있었다. 투자 금액의 총합은 마이너스였다. 태어나서 처음 해 본 재테크 결과가 기대 이하였다. 절약해서 투자해 봤자 은행 적금에 넣는 것과 별 차이가 없었다. 아니, 오히려 더 손해였다. 얼마 해 보지 않고 재테크는 어려운 거라고, 해 봤자 소용없다고 성급하게 결론지었다.

학교에서는 왜 이런 금융교육을 해주지 않는 걸까. 미리 배워서 사회에 나왔다면 좋았을 텐데. 금융이해력은 자본주의를 살아가는 데 필요한 핵심 역량이다. 한진수의 〈금융 문해력과 금융교육과제〉에 따르면 세계경제포럼(WEF)은 금융이해력을 21세기 인재가 갖추어야 할 핵심 능력 가운데 하나라고 제시했다. 금융이해력 수준이 높은 사람은 낮은 사람보다 연간 수익률이 1.3%나 높았다. 금융이해력 수준에 따라 부의 차이가 확대됨으로써 부자인 사람은 더 부자가 되고 가난한 사람은 더 가난해지는, 이른바 마태효과를 초래할 수 있다.

한국은행과 금융감독원에서 2년마다 실시하는 전 국민 금융이해력 조사 결과 우리나라 금융이해력 점수는 66.5점으로 2년 전에 비해 높은 편이나 금융 행위에서 장기 재무계획 부분, 즉 장기 재무 목표 설정 등의 재무관리 활동이 취약한 것으로 드러났다.

금융 지식의 체계적인 교육이 필요하다는 걸 뒤늦게 깨달았다. 왜 가장 중요한 돈 공부를 해야겠다는 생각을 못 했을까.

아이를 낳으면서 미래보다 현재가 중요하다는 생각은 더 견고해졌다. 친구들 앞에서 돈 없어 주눅 들었던 내 어릴 적 경험을 아이가 겪게 하고 싶지 않았다. 먹고 싶은 것 못 먹고 그저 바라만 보는 마음이 뭔지 잘 알기에.

점심시간 친구들과 함께 모여 앉았지만 도시락 뚜껑을 열지 못하고 주저했던 기억이 난다. 수업 시간에 집중을 못 하고 점심시간이 다가올수록 가슴이 콩닥콩닥 뛰었다. 친구들과 놀 때는 그렇게 당당했는데 도시락 앞에서 한없이 작아졌다. 우리 아이들만큼은 내가 겪은 서러움 없이 키우고 싶었다.

먼 미래의 행복을 위해 현재의 삶을 희생하고 싶지 않았다. 무엇보다 미래만 바라보며 여전히 지독하고 치열하게 살아가는 엄마가 내 눈에는 행복해 보이지 않았다.

"자식들 대학 가면, 막내가 장가 갈 때까지, 너희가 애 낳고 자리 잡을 때까지."

엄마는 그렇게 자신 행복을 미래의 어느 날로 미뤘다. 기약 없는 행복이었다. 당신을 위해 라면 하나 사지 못하는 삶을 살면서.

오늘 보낸 나의 하루가 미래의 나를 위해 차곡차곡 쌓이고 있다는 것을 생각하지 못했다. 뿌려놓은 것이 없으니 거두는 것 또한 있을 리 없다. 지금 당장의 열매만 봤으니. 씨앗을 뿌려 더 많은 열매를 맺을 생각은 하지 않고 말이다. 미래만 바라본 엄마, 현재만 바라본 나다.

나의 노후는 어떻게 되지?

강원도의 작은 바닷가 마을에 살았다. 부모님은 집 떠난 자식들과 더 가까이 살고 싶어 서울로 이사를 왔다. 평생 모은 돈으로 서울 아파트를 대출 없이 장만했다. 돈 관리를 직접 해 보니 서울에 30평대 아파트를 대출 없이 산다는 게 얼마나 대단한 일인지 알게 되었다. 살고 있는 집을 비싼 값으로 판 것도 아니다. 산 옆의 작은 단독주택이었으니 가격이 얼마나 했겠는가. 아빠가 일할 때 엄마도 쉬지 않고 일하며 독하게 아낀 결과였다.

이제는 자식들이 주는 용돈으로 편하게 사시면 좋겠지만 생활 습관이나 가치관은 그리 쉽게 변하지 않는다. 엄마는 여전히 돈 쓰는 걸 무서워한다. 이제는 엄마 돈뿐만이 아니라 자식 돈까지 말이다. 아직도 친정에서 배달 음식 한번 제대로 시켜 먹지 못한다. 엄마의 폭풍 잔소리를 들어야 하기 때문이다. 가족 모임으로 외식 한번 하려면 엄마 눈치가 보였다. 부모님을 모시고 식당에 가도 엄마의 돈 걱정 때문에 식사 한번 마음 놓고 하기 어렵다.

"이게 얼마야? 이 돈이면 집에서 고기 실컷 구워 먹고도 남을 돈인데!"

밖에서 편하게 식사하지 못하는 엄마라 이제는 식당에 잘 가지 않는다. 대신 그 돈으로 집에서 밥을 먹고 부모님께 용돈을 드린다. 우리가 드리는 돈은 손자, 손녀들 용돈으로 다시 돌아온다.

엄마가 식당에서 마음 편히 식사하는 모습을 몇 번 본 적 있다. 신랑이 명함 이벤트에 당첨되어 점심 코스 요리를 무료로 먹게 되었다. 부모님을 모시고 함께 먹었던 그날, 엄마는 지금껏 내가 봤던 모습 중 가장 편한 표정으로 식사를 즐겼다. 그 모습이 보기 좋아 몇 번 더 이벤트에 당첨되었다고 말했지만, 엄마는 그 뒤로 믿지 않았다.

우리를 가까이서 보고 싶어 서울로 왔건만 오면 돈이라도 쓸까 자주 오란 소리도 하지 않는다. 자식들 돈이 엄마 돈 같이 아까워 만나도 마음이 마냥 편하지 않다는 엄마다. 부족하게 사는 것도 아닌데 말이다. 여유롭게 노후를 즐겨야 할 나이임에도 엄마에게 돈은 여전히 두려운 존재인가 보다. 드리는 용돈도 그대로 은행 적금 통장으로 들어간다. 언제까지 아끼고 아끼며 살아야 할까. 엄마가 마음껏 돈을 쓸 수 있는 그날이 오기는 할까.

노후에도 마음 놓고 돈을 쓰지 못하는 엄마가 마냥 짠하기만 하던 어느 날, 음식물 쓰레기를 버리러 간 신랑이 들어오지 않았다. 핸드폰도 두고 나가 걱정이었는데, 20분이 훌쩍 지나고 나서야 들어왔다. 평소 친하게 지내던 경비아저씨가 신랑을 붙들고 하소연했다고 한다. 가을이면 낙엽 쓸고, 겨울이면 눈 치우는 일이 고달프다고.

대충 무슨 말인지 짐작이 갔다. 평소 아파트에서 마주칠 때마다 자신은 이런 곳에서 일할 사람이 아니라며 푸념하곤 했기 때문이다. 회사 퇴직하고 집에서 쉬다가 가족의 권유로 경비 일을 시작했지만 해 보지 않은 일이라 쉽지 않다고 했다. 주민들 민원에 스트레스를 받아 그만두고 싶다는 말을 입에 달고 살았다. 왕년에 좋은 직장을 다녔다는 말도 빼놓지 않았다. 신랑은 이번에도 경비아저씨의 말을 듣느라 늦게 올라온 거다.

스치듯 들었던 이야기였지만 유독 그날은 가볍게 들리지 않았다. 경비아저씨의 일이 어쩌면 우리의 미래일 수도 있겠다는 생각이 들었기 때문이다. 실서시하면서노 신랑에게서 전해 들은 말이 귓가에 맴돌았다.

'나는 20년 후에 어떤 삶을 살고 있을까?'

이대로라면 신랑과 내가 퇴직 후에도 지금과 같은 삶을 유지하는 건 쉽지 않다. 월급이 수입의 전부였다. 나이 들어 퇴직하고 나면 그마저도 끊긴다. 그때를 대비해서 어떤 준비를 해 놓았던가? 미래를 준비한 적 없다. 얼마 되지 않는 재테크 경험으로 돈 공부할 필요 없다 쉽게 단정 지어 버렸으니. 그저 아이들과 추억 쌓으며 현재를 누렸다. 그렇게 사는 게 전부라 생각했다. 절약이 지긋지긋했고 미래보다 현재의 행복이 중요하다고 생각했던 지난날이 스쳐 지나갔다.

나도 엄마처럼 노후에 돈 때문에 자식들 만나는 게 불편할까? 보고 싶은 아이들을 돈 걱정에 보지 못한다는 건 생각만 해도 서글펐다. 경비 아저씨처럼 일이 힘들어 쉬고 싶지만 어쩔 수 없이 다시 일을 해야 하는 상황이 생기지는 않을까? 누구라도 붙들고 하소연하고 싶은 그 마음은 오죽할까?

지금껏 애써 외면했던 미래를 정면으로 마주했다. 신랑 퇴직이 15년도 채 남지 않았다. 100세 시대라면 15년 벌고, 40년을 더 살아야 했다. 숫자로 계산해 보니 시간이 그리 길게 남지 않았다는 것이 현실로 다가왔다. 하루라도 빨리 미래를 준비해야 했다.

보건복지부의 「통계로 보는 사회보장 2020」에 따르면 한국의 노인 빈곤율은 OECD 회원국 중 1위를 차지했다. 아프면 병원비도 많이 들 나이다. 한 번에 생활비만큼 병원비를 결제할 수도 있다. 지긋지긋했던 유년 시절의 절약을 다시 하며 살아야 할 수도 있다고 생각하니 마음으로 와닿았다. 그때는 목표가 있었고 미래를 준비한다는 희망이라도 있었지만 노후는 먹고 사는 생존의 문제와 직결된다. 아무런 준비를 하지 않고 그저 '괜찮겠지, 무슨 방법이 있겠지.' 하고 지나갈 수 없는 노릇이다. 무슨 방법이 있겠는가? 지금도 딱히 떠오르지 않는 방법이 그때 가서 갑자기 생길 리도 없고. 나중에 후회해 봤자 시간을 되돌릴 수도 없다.

'나의 노후는 어떻게 되지?'

정신이 번쩍 들었다.

마치 평생 이대로 살 것처럼 현재만 보고 살고 있었다. 후회하게 될 줄도 모르고. 시간이 지나면 무슨 방법이 생길 거란 막연한 희망 하나로. 이대로라면 후회가 반복될 수밖에 없다. 행동을 달리하지 않으면 같은 미래를 맞이한다. 손을 놓고 있을 수만은 없다. 지금이라도 방법을 찾고 준비해야 한다. 이 순간이 내 인생 가장 젊을 때이니.

이래 봬도 엄마 딸이다. 엄마 밑에서 쌓인 내공이 19년이다. 엄마만큼이야 되겠냐마는 그래도 마음만 먹으면 해낼 수 있겠다는 자신감이 생겼다. 우리 가족을 위한 일이라 생각하니 지긋지긋했던 절약도 해낼 수 있을 것 같았다.

엄마가 그 힘든 시간을 버틸 수 있었던 힘도 이제야 알겠다. 결국 자식이었다.

누군가는 시작해야 한다

"마누라, 나 담배 좀 피워도 되겠나?"

신랑이 끊었던 담배를 다시 찾는다. 담배는 싫지만 말릴 수도 없다. 그만큼 힘들다는 말이었고 그거라도 해야 견딜 수 있다는 표현이었다.

나는 담배가 싫다. 어릴 적 담배 때문에 엄마, 아빠가 싸우는 것 자주 봤다. 담배로 인해 아빠 건강에 문제가 생겨 며칠 잠 못 자고 불안했던 경험도 있었다. 신랑과 처음 만난 자리에서 나는 담배 피우는 거 좋아하지 않는다고 말했다. 신랑은 그날로 담배를 끊었다. 그랬던 사람이 회사일로 며칠째 잠을 못 자더니 다시 담배를 찾았다. 이미 목소리에서 삶의 피로와 고단함이 묻어났다. 무조건 안 된다고 할 수도 없었다.

신랑은 꿈과 열정이 많은 사람이었다. 책을 좋아하는 사람이라 시간이 날 때마다 책을 찾았다. 결혼 전 자신의 10년 후 비전까지 이야기했다. 계획적이고 목표가 확실한 신랑이 좋았다.

그랬던 신랑이 어느샌가 시들시들해져만 갔다. 집에 들어오면 맥주부터 찾았고 스트레스로 밥도 잘 먹지 못했다. 몸은 퇴근했지만, 마음은 여전히 회사에 남아있었다. 집에서도 회사에서 해결하지 못한 문제들의 답을 찾아 헤맸다. 잠시나마 현실의 스트레스에서 벗어나기 위해 책 대신 게임에 몰두했다. 주말 아침, 아이들이 일어나면 게임기를 손에 들고 화면에 있는 적과 싸우는 아빠의 모습을 보는 게 일상이었다. 왜 아빠만 게임을 하냐는 아이 말에 할 말이 없었다. 아빠는 회사 일이 힘들어서 스트레스 풀어야 한다는 빈약한 설명만 할 뿐이었다. 아이는 자기도 스트레스가 있으니 휴대폰을 해야 한다고 말했다. 헛웃음이 났지만, 반박할 수도 없었다.

점점 생기를 잃어가는 신랑을 지켜만 볼 수 없었다. 신랑의 꿈을 되찾아 주고 싶었다. 예전의 그 열정과 에너지를 말이다. 노후에 대해서도 진지한 대화가 필요했다. 해야 할 말, 하고 싶은 말을 머릿속에 정리했다. 신랑의 반응을 살피며, 지난날 꿈꿨던 그 공부를 이제 시작했으면 좋겠다고 조심스레 말했다.

신랑의 표정이 좋지 않다. 입을 꾹 다문 채 아무런 말이 없다. 혼자 떠들다 말을 멈추고 신랑의 대답을 가만히 기다렸다. 잠시 생각에 잠겨있던 신랑이 지금은 힘들어서 할 수 없다고 단호하게 말했다. 얼굴을 보니 섭섭한 감정이 그대로 드러난다. 밥도 못 먹고 잠도 못 자는 이 상황에서 갑자기 무슨 자격증인가 싶었을 거다. 자신의 힘든 현실을 이해해 주지 못한다고 생각했을지도 모른다.

지금 부서는 바빠서 할 수 없으니 한가한 부서로 이동하면 그때 시작하겠다고 말하는 신랑. 당장 시작하지 못하는 이유는 한두 가지가 아니다. 아직 마음의 준비가 되지 않았고, 아이들이 어리니 가족과 더 많은 시간을 보내고 싶다고도 했다. 그게 그리 쉬운 일이 아니라는 말도 덧붙였다.

가만히 듣고 있으면 다 핑계인데 본인만 모르는 눈치다. 어느 부서를 가더라도 쉬운 일은 없다. 부서를 옮겨서 바빠지면 또 시작이 미뤄질 게 뻔했다. 마음의 준비야 지금 당장이라도 하면 된다. 커가는 아이들에게 게임을 하는 모습을 계속 보여줄 수도 없지 않은가. 아빠 모습을 스펀지처럼 흡수하는 아이들이니. 신랑은 이미 안된다고 결론을 내렸고 그 이유를 찾아 헤맸다. 문득 신랑의 모습에서 내 모습이 보였다.

오늘과 다른 내일을 꿈꾸며 책을 읽었다. 책의 저자들은 나와 같거나 더 어려운 상황에서도 삶의 목표를 이루었다. 그들을 따라 하고 싶었다. 하지만 생각만 했을 뿐 실행하지 않았고, 그저 결심으로만 머물렀다. 바꾸고 싶다고 말하면서 나도 할 수 없는 핑계들만 늘어놓았다. 다른 삶을 꿈꾸면서도 지금의 편안함을 놓치고 싶지 않았던 거다. 그러니 책을 읽어도 변화가 없었다.

나무에 매달린 열매를 그저 부럽게 바라만 보았다. 다른 이들 손에 들린 그 열매를 보며 내 것이 될 수 없다고 미리 한계를 지어버렸다. 어떻게 열매를 얻을 수 있었는지 물어볼 생각도 하지 않고 말이다. 나무를 흔드는 작은 시도라도 했다면 떨어지는 달콤한 열매 하나 얻을 수 있었을지도 모르겠다. 그 하나의 열매가 나의 시작이 될 수도 있었을 텐데.

잘 지내고 있다고, 행복하다고 생각했던 우리 가족이 흔들리고 있었다. 신랑은 회사에서 스트레스를 받아 끊었던 담배까지 찾았다. 현실을 벗어나 게임 속 세상에서 스트레스를 풀고 있었다. 아이는 학교 적응에 어려움을 겪었고 친구 관계도 삐꺽거렸다. 나는 노후에 대한 불안과 현재 삶에 대한 불만으로 가득 차 있다.

방법이 아닌 핑계만 찾는 신랑과 나, 이대로는 안 되겠다. 더 이상 변명은 그만하고 행동해야 한다. 언제까지 미룰 수만은 없지 않은가. 행동하지 않으면 10년 후도 지금과 같은 모습일 테니. 누군가는 시작해야 한다. 왜 다른 사람이 시작하길 기다리고 있는가. 나를 위해 일상을 바꾸는 것도 이렇게 어려워하면서 누가 나를 위해 자신의 삶을 바꾸겠냔 말이다.

선택에 대한 비판과 책임이 무서워 내 삶의 결정권을 다른 사람에게 내어주었다. 책임에서 벗어날 수 있으니 마음은 편했지만, 내 삶의 주인은 내가 아니었다. 언제까지 다른 사람이 결정해 주길 기다리며 삶이 흔들리게 내버려두겠는가. 이미 삶의 운전대를 내준 일에 대한 책임을 혹

독하게 치르고 있지 않은가.

　누군가 시작해야 한다면 그게 내가 되기로 했다. 아주 작은 일이라도 괜찮다. 중요한 건 지금 바로 시작하는 것일 테니. 유튜버 부읽남(부동산읽어주는남자)이 『부자 아빠 가난한 아빠』를 만나 인생을 바꾼 것처럼 책 한 권을 읽고 시작한 작은 실행이 나와 우리 가족을 바꿀지 누가 알겠는가.

　내 인생이고 우리 가족이다. 다른 사람이 내가 원하는 것을 대신 해주기를 바라고 있을 수만은 없다. 변화가 필요하다면 움직이는 것은 타인이 아니라 나여야 한다. 나로부터 시작된 변화는 함께 길을 걷는 우리 가족을 변화시킬 것이라 믿었다. 그렇게 시작했고, 결국 우리 가족도 서서히 변해갔다.

제
2
장

나에게 집중하는 시간
: 치열했던 엄마의 자기 계발

행복이 집값에 달린 것만 같았다

　신혼살림은 서울에서 시작했다. 신랑 회사에 직장 어린이집이 생기면서 인천으로 이사를 갔다. 육아휴직이 끝나고 학교까지 출퇴근하는 데 왕복 3시간이 걸렸다. 아침마다 힘들기는 했지만, 좋은 친구들을 사귀었고 인천에서의 생활이 만족스러워 그곳에서 살기로 결정했다.

　친정엄마는 서울이 아닌 인천에 집을 산 우리 결정을 아쉬워했다. 동해에서 살다가 자식들 자주 보고 싶어 서울로 올라왔으니 섭섭할 만하다. 집값이 더 오를 테니 서울에 집을 마련하라는 엄마 말이 그때는 귀에 들어오지 않았다. 당시 집값이 몇 년간 떨어진 상태에서 보합을 유지하고 있었고 인천과 서울의 집값도 크게 차이가 나지 않았다. 언론에서는 하우스 푸어에 대한 이야기가 계속해서 흘러나왔다. 일본처럼 부동산으로 돈을 벌 수 있는 시대는 끝났다는 소리도 들렸다.

　집값은 중요하지 않았다. 미래보다 현재의 행복이 더 중요했으니. 내가 살 집 하나만 있으면 그만이었다. 그저 온 가족 건강하게 작은 일에 감사하면서 사는 게 행복이라고 믿었다. 해외여행도 한 번씩 나가고 남들 하는 거 다 하고 지내니 이만하면 충분했다. 믿고 맡길 수 있는 어린이집, 육아를 도와주는 좋은 친구들, 게다가 신랑 직장 근처이니 나 하나만 고생하면 모든 게 만족스러웠다.

인천에 대출 없이 집을 사니 삶이 여유로웠다. 근처 호텔에 연간 회원권을 끊고 그게 돈을 버는 거라며 주변에 추천도 했다. 저녁을 먹으러 호텔에 가고 수영장도 종종 다녔다. 5시 퇴근하면 6시 30분은 되어야 어린이집에 도착했다. 피곤해서 저녁 차리기도 힘들었다. 저녁을 밖에서 사 먹거나 시켜 먹는 일이 일상이었다. 평일에 아이들과 오랜 시간 함께 보내지 못했으니 주말에는 어디든 놀러 나갔다. 버는 대로 써도 문제 될 게 없었다.

첫째 초등학교 입학을 앞두고 엄마의 손길이 필요해지면서 주거지를 내 직장 근처로 옮기기로 했다. 집을 알아보면서 그사이 올라 버린 서울 집값에 당황했다. 분명 몇 년 전 인천과 비교했을 때 1억도 차이가 나지 않았는데 말이다. 하필 서울 집값의 상승장과 겹쳤다. 집값을 잡아주면 관계 부처에 피자를 사겠다는 정부의 말을 믿었다. 조금만 지나면 집값이 잡힐 거라며 매수 대신 전세를 선택했다.

전세 계약을 맺고 이사를 준비하는 와중에 서울 집값이 미친 듯이 올랐다. 11월에 전세 계약을 했는데 그 뒤로 매수가가 한 번에 5천만 원씩 뛰기 시작했다. 몇 달 사이에 2억이 올랐다. 아직 이사를 가지도 않았는데 자고 나면 오르는 집값을 보며 정신이 없었다. 살고 있는 집은 팔리지 않았고 사려던 집은 억 단위로 뛰어오르니 잠이 오지 않았다. 사야 했다고 후회하다가 이사를 하지 말까 고민도 했다. 잠도 자지 못하고 부동산 관련 기사를 계속해서 읽었다. 전세 잔금일이 다가오면서 인천집을 급매로 정리했다. 친구들이 우리 가족을 위해 준비한 식사 자리에서 결국 눈물이 났다. 친구들과 헤어지는 아쉬움도 있었지만 내 집 한 채 없이 시작된 서울살이에 대한 걱정이 컸다.

살 수 있지만 사지 않은 것과 살 수 없어서 못 사는 건 차이가 크다. 서울로 이사를 결정했을 때까지만 해도 조금 무리하면 살 수 있는 수준이었다. 하지만 이제는 살 수 없는 지경에 이르렀다. 집이 내 삶에 이렇게 큰 영향을 줄 수 있다는 걸 그때 처음 알았다. 미리 공부하지 않고 준비하지 않은 지난날이 후회스러웠다.

서울로 이사를 온 후 부동산 기사에 따라 기분이 오르락내리락했다. 하늘 높은 줄 모르고 치솟던 집값은 정부 정책으로 몇 개월 사이 다시 안정되었다. 예전 시세를 알고 있었으므로 여전히 비싸 보이는 게 문제였다. 고민하던 사이 다시 상승세를 타기 시작하더니 예전 고점을 거뜬하게 넘겼다.

부동산에 관한 기사만 보였다. 친구들을 만나도 집 이야기만 나오면 입을 다물었다. 단호하게 결정하지 못했던 게 후회되어 밥맛도 없었다. 집값을 잡아주지 못하는 정부가 원망스러웠다. 어차피 떨어져도 또 우유부단하게 행동했을 거면서 말이다. 준비하지 못한 내 잘못이었다.

살고 싶은 곳에 집을 사야 하니 돈을 함부로 쓸 수도 없었다. 뭐 하나 사더라도 가격부터 보였다. 아이들은 커가면서 배우고 싶은 것도 많아지고 하고 싶은 것도 늘었다. 비싼 학원비가 먼저 보였다. 안정적인 교육 환경을 제공해 주고 싶어 이사를 왔으면서도 원하는 대로 해줄 수 없었다. 아이들 먹고 싶은 건 사면서 내가 먹고 싶은 건 참았다. 한 푼이라도 아끼려고 싼 것만 찾아다녔다. 그런 내 모습을 보며 아이들은 "엄마 것도 사!"라는 말이 입에 붙었다. 어느 순간 돈이 무서워 삶을 누리지 못하는 엄마 모습이 내게도 보였다. 엄마처럼 살고 있었다.

행복이 집값에 달린 것 같았다. 내가 살고 싶은 곳에 집 하나 마련하는 게 이렇게 힘든 일인가 서글펐다. 아이가 학원 차를 안 탔을 뿐인데 그럴 수 있다는 걸 알면서도 아이에게 화를 냈다. 이유 모를 눈물도 났다. 아이 문제가 아니었다. 무기력해져 있는 나에게 화가 나서 흐르는 눈물이었다. 행복을 좌지우지하는 것이 외부에 있다고 생각했으니 원하는 결과가 나올 때까지 그저 기다리는 수밖에 없었다.

무기력 또한 나의 선택이었다는 사실을 그때는 알지 못했다. 집값에 좌절하며 하루를 보낼지, 앞으로 다가올 기회를 위해 미리 공부하고 준비할 것인지 선택할 수 있었음에도 말이다. 아무런 노력 없이 집값만 바라보며 우울하기로 한 선택을 해 놓고 주변 탓만 했다. 하지 않을 핑계만 찾으면서.

책을 읽으며 깨달았다. 행복은 내 선택과 마음에 달려 있었다는 것을. 삶의 주도권을 서울 집값에 내어준 건 나였다. 내가 갖지 못한 부족한 부분만을 보고 있었다. 할 수 있는 일에 시선을 두어야 했다. 문제가 나에게 있었으니, 답도 이미 내 안에 있다.

행동하기 시작했다

더 이상 안 되겠다. 언제까지 남 탓만 하며 살 수는 없다. 나는 가만히 있으면서 신랑과 아이들이 변하길 기대할 수도 없는 노릇이다. 정부가 집값을 잡아주길 바란다고 해결될 일도 아니다. 준비가 되어 있지 않으면 기회가 오더라도 잡을 수 없다. 그게 기회인 줄도 모르고 지나가 버릴 수도 있으니.

변해야 했다. 이대로 살다가 몇 년 후 또 행동하지 않은 걸 후회할 게 뻔했다. 다른 것보다 같은 후회를 하고 있을 나를 상상하니 정신이 번쩍 들었다. 상황이 바뀌길 기대하고, 다른 사람이 변하길 기다리는 것보다 내 행동을 바꾸는 게 쉬웠다. 행동하기 시작한 이유다.

무작정 도서관에 가서 다시 책을 찾았다. 책을 읽으면서도 내가 할 수 있을까 의심했고 여전히 나를 믿지 못했다. 나도 나를 믿지 못하는데 책에서는 끊임없이 할 수 있다고 말해 주었다. 이제는 너의 이야기가 될 수 있다고 말이다. 돈과 자기 계발에 관해 더 많은 책을 찾아 읽었다.

읽는 것에서 끝내서는 안 된다. 행동이 뒤따르지 않으면 소용이 없다는 걸 이미 경험으로 알고 있었다. 신랑과 내 통장으로 들어오는 수입을 정리하고 카드 내역과 통장에서 빠져나가는 돈을 기록했다. 무슨 카드가 이렇게도 많은지 내 명의 카드만 3개가 넘었다. 카드가 많으니 기록하는 것도 쉽지 않았다. 정리가 필요했다. 데이비드 바크의 『자동 부자 습관』을 읽고 책에서 나온 대로 실행했다. 최소한의 생활비를 남기고 나머지 예산은 자동이체를 설정해서 정해진 통장으로 들어가도록 지출 계획을 세웠다.

신랑에게 계획을 이야기한 날, 표정이 좋지 않다.

"미래도 중요하지만, 현재의 우리도 중요해. 무조건 참고 사는 건 싫어."

기대했던 반응이 아니었다. 칭찬까지는 아니더라도 이렇게까지 단호할 줄은 몰랐다. 당황해서 나도 모르게 말까지 더듬었다. 더 이상 설득하지 않았다. 나야 책을 읽으며 마음의 준비가 됐지만 신랑은 갑작스럽게 생활을 바꿔야 하는 상황이 탐탁지 않을 수도 있으니. 어쩔 수 없다. 혼자라도 해야지. 신랑한테는 그냥 살던 대로 살면 된다고 말했다. 이미 하겠다 칼을 뽑았으니 나는 무라도 잘라야겠다. 더 이상 물러설 곳도 없다.

1. 새벽 기상을 시작했다

아이들 재우고 신랑과 먹는 야식이 삶의 행복이었다. 늦게 잤으니 늦게 일어났다. 아침마다 택시를 타거나 출근 시간에 맞춰 뛰어다녔다. 새벽 기상은 당연히 불가능했다. 간절하고 절실하면 방법을 찾게 되나보다. 안되는 게 어디 있겠는가. 할 수 있다고, 해내겠다고 생각하니 방법이 보였다. 일찍 일어나기 위해 알람을 5개 연속으로 맞췄다. 일어나서 병든 닭처럼 앉아서 졸았다. 이렇게 일어나는 게 무슨 의미가 있겠나 싶어 중간에 그만둘지 고민도 했다. 하지만 멈춰 버리면 스스로에게 실망할 게 뻔했다. 알람이 들리면 온몸을 비비 꼬면서 우선 일어나 앉았다. 비몽사몽 조느라 책이 기억에 남지 않아도 계속했다. 허벅지 꼬집어 가며 버텼다.

어느새 3년 차. 시간이 조금씩 당겨져 지금은 새벽 4시에 일어난다. 아침 7시, 누군가에게는 하루를 시작하는 시간에 이미 하루의 중요한 일을 대부분 마무리하며 출근 준비를 한다.

2. 돈의 흐름을 잡기 위해 가계부를 쓰기 시작했다

가계부 쓰기 도전은 결혼 이후 반복되었지만 지속하지 못했다. 가계부를 쓰는 일이 습관이 될 수 있도록 시간을 정했다. 밤에는 피곤하다고 미루거나 약속이 있으면 놓치는 경우가 생겼다. 새벽에 눈 뜨자마자 전날 쓴 돈을 가계부에 정리했다.

카드가 많다 보니 몇 개의 앱에 들어가 쓴 내역을 확인했다. 놓치는 것도 있고 챙기는 것도 번거로웠다. 가계부를 쓰기 쉽게 돈 사용하는 방법을 단순화시켰다. 생활비 체크카드 한 장과 학원비와 병원비 혜택이 있는 카드 한 장을 남기고 다른 카드는 잘랐다. 미리 정해 놓은 항목을 제외하고 신용카드를 사용하지 않았다.

물건을 살 때 신용카드로 결제할 경우 큰돈이라는 생각이 들지 않는다. 눈으로 확인하지 않으니 돈이 빠져나간다는 생각을 못 했다. 남은 돈도 몰랐고 총합도 몰랐다. 여행을 가서 생각 없이 카드를 긁어댈 수 있었던 이유다. 체크카드를 사용하고 줄어드는 잔액을 눈으로 확인하면서 충동적으로 사고 싶은 걸 참을 수 있었다.

3. 혼자 하는 게 힘들어 함께 할 수 있는 모임을 찾기 시작했다

새벽에 일어나지 않아도 되는 핑계는 많았다. 포기해 버리기 전에 찾은 방법이 새벽 기상 모임에 발을 담그는 거였다. 풀어졌던 마음에 긴장감이 맴돌았다. 4시 기상을 습관으로 만들기 위해 '66일 기상 챌린지'에도 참여했다. 함께 도전하는 동기들과 서로를 격려하며 새벽 기상 틀을 잡아갔다.

가계부를 꾸준히 쓰고 싶어 해당 모임을 찾았다. 다른 가정의 가계부를 보며 생활비 줄이는 방법도 배웠다. 혼자 했을 땐 일주일도 못 쓰던 가계부를 지금껏 쓰고 있다. 보디 프로필을 찍을 때도 온라인 모임에 손을 내밀었다. 모임을 통해 한 발짝 앞서간 사람들의 경험과 통찰을 전해 듣는다. 바로 앞서 있으니 따라 하기 쉽다. 이제는 글쓰기 모임에 참여하고 있다. 함께하면 새로운 세계를 경험할 수 있고, 혼자 했을 땐 해 내지 못했던 나의 한계를 뛰어넘을 수도 있다.

　어디로 갈 줄 모르겠다고 출발선에 서서 고민만 하고 있을 순 없다. 수많은 계획은 상상 속 이야기로 남을 뿐, 변화 없는 현실에 무기력해질 뿐이다. 내가 통제할 수 있는 일에 집중하고 행동하기 시작하니 길이 보였다. 아무것도 없어 막막하기만 했던 허허벌판에 미약하게나마 발자국이 생겼다. 그 길이 선명해질 수 있도록 걷고 또 걷는다.

　어느새 주변에서 함께하기 시작했다. 여행을 같이 다니던 친구 가족 모임이 부부 새벽 기상 모임으로 재탄생되어 서로의 꿈을 응원하기도 하고, 매일 아침 달리며 마라톤에 함께 도전하는 친구도 생겼다.

　가고 싶은 그곳을 위해 머물러 있지 않고 오늘도 한 발짝 내디뎌 본다. 생각으로 머물면 실수는 없지만 이루는 것도 없다. 행동하니 실수도 생기더라. 실수하는 나를 응원한다. 아무것도 하지 않는 것보다 넘어지며 배워가는 내가 좋다. 그 속에서 나만의 방법을 만들어 점점 더 단단해질 테니. 지금 하는 행동이 바로 나다.

새벽 기상, 이렇게 해보세요

3시 50분 알람이 울린다. 알람을 끄고 기지개를 켠 후 단톡방에 새벽 인사를 나눈다. 침대에서 일어나 새벽 공기를 마시러 부엌으로 향한다. 창문을 여는 순간 찬 공기가 폐 속까지 훅 밀려 들어온다. 졸음이 싹 달아난다. 시원한 물 한 잔 들이켜고 나면 그나마 남아있던 잠마저 사라진다. 자는 아이들 이불을 덮어주고 얼굴을 쓰다듬는다. 커피 한잔 내려서 책상에 앉으면 새벽 루틴이 시작된다. 뜨거운 커피 한 모금과 잔잔한 피아노 연주곡은 고요한 새벽 시간의 매력을 더해준다.

나의 새벽 일상이다. 지금은 몸에서 반응하는 새벽 기상이지만 초반에는 쉽지 않았다. 나에게 온전히 집중할 수 있는 새벽 시간을 잘 보내기 위한 방법을 살펴보자.

1. 목표가 있어야 한다

목표가 있으면 새벽 기상을 해야 하는 이유가 생긴다. 나의 새벽 시간은 목표에 따라 달라진다. 가계부를 먼저 쓰기도 하고, 글쓰기가 우선이 되기도 한다. 보디 프로필을 찍을 땐 운동이 먼저였다. 정해진 시간만큼 독서하기가 1순위일 때도 있었다. 새벽에 하고 싶은 일, 해야 할 일이 있다 보니 알람 소리에 바로 일어났다. 조금만 늦게 일어나도 신문을 읽지 못하거나 글을 마무리하지 못하기 때문이다. 아니면 운동 한 시간을 채울 수 없었다.

목표에 따라 새벽에 꼭 해야 할 일이 있으니 누워서 핸드폰 하느라 늦게 잠들던 모습이 사라졌다. 목적이 있으니 기꺼이 불편함과 고통을 받아들일 수 있었다.

시작부터 거창한 목표일 필요 없다. 높은 목표는 시작을 주저하게 만든다. 정해진 기간까지 책 한 권 읽기, 매일 블로그에 글 한 편 쓰기, 가계부 매일 쓰기도 좋은 목표가 될 수 있다. 할 수 있는 작은 목표부터 세워서 새벽 시간을 통제해 보는 경험이 중요하다.

2. 루틴이 있어야 한다

루틴이 있으면 무엇부터 할지 고민하지 않고 쓸데없는 에너지를 낭비하지 않는다. 처음 시작할 때는 뭘 해야 할지 몰랐다. 일찍 일어나도 피곤하기만 하고 만족스러운 결과물은 없었다. 회의감마저 들었다. 욕심을 버리고 새벽 시간 책상에 앉기를 목표로 정했다.

게리 켈러의 『원씽』에 따르면 원하는 행동을 습관으로 만들기 위해서는 평균 66일이 필요하다고 한다. 나도 새벽 기상 시간을 당기기 위해 66일 동안 4시에 일어난다는 한 가지 행동에 집중하다 보니 신기하게도 내 몸이 기억하고 반응했다. 거기에 내가 하고 싶은 일을 하나씩 추가해서 습관이 될 때까지 반복했다. 버리고 싶은 행동에 집중하기보다는 원하는 모습으로 하나, 둘 새벽 시간을 채워 나갔다. 어느새 나만의 루틴이 완성되었다.

책상에 앉아 다이어리로 하루를 계획하고 전날 쓴 돈을 가계부에 정리한다. 책과 신문을 읽은 후 새벽마다 인사를 나누는 새벽 동기와 온라인에서 만나 감사 문장을 쓰고 일상을 나눈다. 신랑과 간단히 아침밥을 먹고 블로그에 글을 쓴다. 달리기를 한 후 출근 준비를 한다. 뭐할지 고민하느라 시간을 흘려보내지 않는다.

다이어리, 가계부 쓰기 / 책, 신문 읽기 / 글쓰기 / 달리기

새벽 시간은 유난히 빠르다. 정해진 습관, 즉 루틴이 없으면 어영부영하다가 어느새 한 시간이 지나간다. 지금도 알찬 새벽 시간을 위해 수시로 루틴을 점검한다. 한꺼번에 다 하려고 하기보다 한 가지씩 원하는 루틴을 추가하길 추천한다.

3. 전날 일찍 잠들어야 한다

새벽 기상의 시작은 그날 새벽이 아니라 전날 밤부터 시작된다. 강철 체력이라도 적은 양의 수면으로 오랜 시간을 버텨 낼 재간은 없다. 하루 이틀이야 평소보다 늦어져도 버틸 수 있지만, 결국 쌓이다 보면 부족한 수면을 보충해야 한다. 새벽 4시에 일어나면 밤 9시에 잠이 쏟아진다. 간혹 11시를 넘긴 날이면 다음 날 더 일찍 잠든다. 무거워진 눈꺼풀로 몸이 그렇게 하라고 신호를 보냈다. 일찍 자야 새벽을 개운하게 맞이할 수 있었다.

자연스레 야식을 먹지 않으니 아침에 속이 편했다. 수면의 질도 좋아졌다. 졸음이 몰려와서 침대에 누우니 베개에 닿는 순간 잠이 든다. 신혼 초 불면증을 겪은 적이 있다. 숙면에 도움이 된다는 건 웬만하면 다 해봤지만 소용이 없었다. 이제는 잠이 오지 않아 뒤척일 시간이 없다. 이미 눈이 반쯤 감겨 눕자마자 잠드니. 아직 일찍 일어나는 게 익숙하지 않다면 처음에는 일상에 집중하지 못하고 멍한 날들이 반복될 수도 있겠다. 그러나 걱정할 필요 없다. 밤이 되면 잠이 쏟아질 테니. 쏟아지는 잠을 버티지 말고 일찍 자면 된다.

책에서 새벽 기상에 관해 읽었을 때 절대 해내지 못할 거라고 생각했던 일이 지금은 일상이 되었다. 오히려 이제는 어떻게 그걸 해낼 수 있냐는 소리를 듣는다. 간절해지니 했다. 온전한 시작과 성공이 아니더라도 또 시도 했다. 매일의 노력이 쌓여 지금은 4시가 되면 몸에서 반응한다. 하루 3시간을 더 사는 느낌이다.

새벽 기상을 통해 가계부가 습관으로 자리 잡았고, 블로그에 글을 썼으며, 내 나이 마흔한 살에 보디 프로필을 찍었다. 아침마다 책을 읽으며 세상을 바라보는 눈도 바뀌었다. 지금은 나의 이야기를 책으로 남기고 있다. 내가 이룬 것들이 모두 새벽 시간 목표를 세우고, 정해진 시간에 루틴대로 한 것에 대한 결과였다. 당장 어떤 성과가 보이지 않더라도 결국 해낼 수 있겠다는 자신감과 믿음도 생겼다. 몇 년 뒤 또 다른 일을 해내고 있을 내가 기대된다.

새벽에 일어날 시도도 하지 않고 나는 그럴 수 없는 사람이라 단정 지었다. 이렇게 멋지게 해낼 거면서. 물론 습관으로 자리 잡을 때까지 쉽지만은 않았다. 핑계 대고 멈출 수도 있었다. 멈췄다면 몸은 편해도 마음은 불편했을 거다. 김미경 강사는 『마흔 수업』에서 습관은 눈으로 보고 읽으면 아무것도 아닌 단어이지만, 몸으로 해내고 나면 기적이 된다고 했다. 해 보니 인생을 더 나은 방향으로 돌려주는 기적이 맞다.

중간에 실패해도 괜찮다. 멈추지 않고 계속하면 되니. 물론 처음부터 무리해서는 안 된다. 포기하지 않고 66일 동안 꾸준히 해내는 것이 목표다. 지독한 올빼미형인 나도 해냈으니 이 글을 읽는 당신도 당연히 가능하다.

출근길, 오늘도 이미 많은 것을 해내면서 하루를 시작한다. 마음만큼
이나 발걸음도 가볍다.

블로그와 글쓰기를 시작하다

글쓰기에 자신이 없었다. 내가 쓴 편지도 상대방이 집에 가서 읽길 바랐다. 편지에 담긴 내 진심보다 부족한 글 실력이 탄로 날까 신경이 쓰였다. 무에서 유를 창조하는 문학과 예술 활동은 최대한 피해 다녔다. 스스로 창의적이지 않은 사람이라고 생각했다.

그랬던 내가 블로그를 시작했다. 관심사가 같은 이웃들과 소통하고 우리 가족과 나의 성장 과정을 기록으로 남기고 싶었다. 생각은 남산 같은데 글로 표현하면 작은 돌덩어리들로 쪼개져 그 의미가 퇴색되었다. 공들여 써놓은 글이 마음에 들지 않았다. 초반에는 대부분의 글이 비공개였다. 전체 공개로 설정하면 발행 버튼을 누르지 못했다. 내 글에 대한 평가가 두려웠다. 글도 못 쓰는 애가 왜 글을 쓰냐는 소리를 들을 것만 같았다.

잘 쓰고 싶어졌다. 어쩔 수 없이 해야 하는 것이 아니라 잘 해내고 싶어지니 피하지 않고 할 수 있는 방법을 찾았다. 모르면 한발 앞서 간 사람들의 모임을 찾아가면 될 일이다. 글쓰기 커뮤니티에 들어가 강의를 신청했다.

나의 처음을 인정하기 시작했다. 누구에게나 시작점은 있다. 어떻게 처음부터 잘 쓰겠는가. 점차 나아지는 글을 보여주면 될 일이다. 부족한 시간과 노력을 인정하고 실력을 있는 그대로 받아들이니 글이 점점 편해졌다. 다른 이의 시선과 평가에서 조금씩 자유로워지고 있다.

매일 새벽 글을 쓰는 이유는 세 가지다.

1. 글을 쓰면서 평범했던 나의 일상이 가치 있고 감사한 일로 채워진다

아이와의 대화도, 매일 하는 가족과의 식사도 의미 있게 다가왔다. 도서관에서 집에 가는 길 아이가 했던 말을 글로 남기며 엄마라고 불릴 수 있어 감사했다. 아침에 헤어졌던 가족이 건강한 모습으로 다시 만나 저녁 식탁에 모여 앉는 것도 당연한 일이 아니었다. 어느 날은 누군가가 환하게 웃어준 그 미소를 글로 남기며 나도 다른 사람에게 미소를 선물해 주기로 다짐했다.

글을 쓰기 위해 지나치지 않고 주변을 관찰한다. 평범하다고 생각했던 일상이 감사로 가득했다. 일상에 가치를 부여하기 시작하니 감사할 일들이 늘어났다. 불평, 불만을 할 때에는 부족한 것들만 보던 내가 아이들의 한마디, 신랑의 행동을 글로 쓰며 내가 갖고 있는 소중한 것들을 보기 시작했다. 감사 거리를 찾다 보니 감사한 일이 더 많이 생기는 선순환이 일어났다.

2. 글쓰기를 통해 마음의 치유와 평안을 경험한다

어느 날, 아들과 한바탕 싸운 친구가 화가 나서 전화했다. 우리 애들은 섭섭했던 것만 얘기하니 잘해줘도 소용이 없다며 씩씩거렸다. 흥분한 친구 말에 순간 아무 말도 할 수 없었다. 나도 그랬기 때문이다.

엄마로서 최선을 다하지만 나도 모르게 아이에게 상처를 주는 순간이 있다. 엄마가 처음이라 잘 몰라서, 몸이 힘들다 보니. 이런저런 이유로 지나고 나서 후회한 적이 많다. 우리 엄마도 나와 같았을 텐데 나는 섭섭함만 오래 기억하고 있었다. 글을 쓰다 보면 마음속 상처를 하나둘 꺼내게 된다. 어릴 적 상황을 있는 그대로 글로 묘사한다. 바닥이 냉골인 부엌에서 새벽부터 일어나 밥을 짓는 엄마 모습이 그려진다. 한겨울에도 얼음 같이 찬물로 설거지하는 엄마. 빨갛게 부어오른 엄마의 두 손이 이제야 보인다. 글을 쓰고 있는 내 손과 엄마의 손이 겹쳐 보인다. 차갑다 못해 아리기까지 한 두 손의 느낌이 생생하게 전해진다. 가족을 위해 추위를 견디며 아침을 준비했을 엄마 모습이 눈앞에서 아른거린다.

힘든 상황 속에서도 우리를 이렇게 잘 키워내신 부모님이 감사했다. 내 아픔만 보였는데 글을 쓰면서 비로소 마음 속 깊이 담겨 있던 장면이 떠올랐다. 그렇게 상처도 하나둘 아물어 갔다.

현재의 나를 이야기하기 위해 과거의 경험을 끄집어낸다. 마냥 슬프

기만 했던 기억이 실은 그렇지 않았다는 걸 글을 쓰면서 알았다. 섭섭함과 원망이 녹아내린다. 자연스럽게 마음에 치유와 평안이 찾아왔다.

3. 글을 쓰면서 행동하기 시작했다

블로그에 매일 성장하는 하루를 기록한다. 4시에 일어나면 다시 자고 싶은 유혹이 생길 때도 있다. 혼자였다면 그 유혹 이기지 못하고 다시 침대로 돌아갔을 거다. 매일의 새벽을 기록하고 있으니 여러 방법으로 잠을 이겨내기 위해 노력하게 된다.

심리학자 게일 매튜스는 실험을 통해 목표를 적어놓은 사람이 그렇지 않은 사람보다 성공할 확률이 39.5%가 높고, 그 목표를 공유할 경우 목표를 달성할 가능성이 76.7%가 높다는 것을 알아냈다. 나도 블로그를 통해 목표를 기록하고 공유한다. 66일 기상 챌린지, 블로그 백일 글쓰기에 도전할 때도 글로 남겼다. 보디 프로필을 찍을 때는 준비 과정과 결과를 공유했다. 블로그 이웃들의 응원을 받으니 잘 해내고 싶었다. 하겠다고 말한 일은 새벽 시간에 우선순위로 했다. 다 지키지 못할 때도 있지만 노력만으로도 어제보다 성장했다.

아이들과 있었던 일상을 글로 남기면 그 순간 다짐한 것을 놓치지 않고 실천하려 애썼다. 엄마와 관련된 글을 쓰면 바로 엄마에게 전화를 걸었다. 글과 생각으로만 머물지 않도록 기록하고 행동했다.

새벽마다 글을 쓴다. 글이 써지지 않아 멍하니 시간을 보낼지라도 화면을 열고 키보드에 손을 올린다. 주어진 시간에 단 몇 자라도 적어본다. 블로그에 쓴 글은 기록으로 남는다. 시간이 지나 남겨진 글을 보며 아이들이 엄마, 아빠와 우리 가족을 추억했으면 좋겠다.

때로는 감추고 싶은 마음과 경험이 글에 녹아나기도 한다. 애써 외면한다고 능사는 아니다. 꺼내 놓으니 생각보다 별것 아닌 것도 있었다. 그동안 놓치고 있었던 엄마의 희생과 사랑이 보였고, 아이들의 행동보다 마음이 보이기 시작했다.

누군가는 내 글에서 부족한 점을 찾을 테고, 누군가는 마음의 위안을 얻을 수도 있겠다. 누군가는 작은 변화를 꿈꿀 수도 있고. 나도, 누군가도 변화할 수 있기에, 꿈꿀 수 있기에, 치유 받을 수 있기에 글을 쓴다. 내 글을 통해 한 사람이라도 변화를 꿈꾸고 위로받을 수 있다면 더 바랄 것도 없다.

오늘도 글을 쓰며 차분히 내 삶을 돌아본다. 글을 쓸수록 내 삶이 더 가치 있고 풍요로워진다. 감사하지 않은 게 없다.

내가 보디 프로필을 찍다니

워킹맘들과 함께하는 자기 계발 모임에 참여했다. 새벽 기상을 함께 하고 책을 읽으며 성장하는 서로를 응원했다. 이 모임은 전통적으로 보디 프로필을 찍는다고 했다. 그 말에 그저 웃었다. 어차피 나는 찍지 않을 거로 생각했기 때문이다. 제대로 운동해 본 적 없다. 물놀이장에서도 덮는 옷만 입고 다녔다. 보디 프로필은 가당치도 않았다.

새벽 시간 책을 읽다가 문득 한 번도 해보지 않은 일에 도전해 보고 싶어졌다. 불쑥하겠다고 말하고 심장이 얼마나 두근거렸는지 모른다. 신청을 해 놓고도 지금이라도 취소하라고 부추기는 마음과 나중에 후회하지 않도록 우선해 보자는 마음이 계속해서 싸웠다. 고민이 지속되던 어느 날, 우연히 책에서 본 문장이 떠올랐다. 당장 무언가를 실행하고 민망함에 침대에서 몸부림치는 한이 있더라도 그 일은 해보지 않았냐고, 나이가 들어 아쉬움으로 남는 일은 해보지 않은 일에 대한 미련이라고.

하겠다 마음먹으니 방법을 찾게 되었다. 새벽마다 달리기를 시작했다. 아이들도 엄마를 응원해 주기 위해 함께 달린다고 했다. 가족의 응원을 받으니 더 잘 해내고 싶었다. 달리기로 기초체력을 다진 후 헬스장에 가서 PT 상담을 받았다. PT 횟수를 최대한 줄여도 150만 원이란다. 가격에 놀라 헬스장만 등록했다. 트레이너는 보디 프로필을 예쁘게 찍으려면 PT를 받아야 한다고 말했다. 안다. 비싸서 그렇지. 돈을 아끼는 와중에 그리 큰돈을 쓸 수 없었다. 혼자 해내기로 결심했다. 이번에도 식단관리를 하며 건강하게 살을 빼고 운동하는 온라인 모임을 찾았다. 한 달에 5만 원, 총 15만 원이면 충분했다.

보디 프로필을 찍기로 한 후 저녁은 혼자 먹었다. 식단관리를 하고 있으니 먹을 수 있는 음식이 가족과 달랐다. 퇴근하고 옷을 갈아입자마자 나를 위한 음식을 만들었다. 오늘은 양배추 계란덮밥이다. 양배추를 냉장고에서 꺼내 잘게 자르고 찬물에 담가둔다. 그사이 필요한 재료를 준비하고 요리를 시작했다. 콧노래가 절로 나온다. 나를 위한 요리가 완성되면 예쁜 그릇에 담아 사진을 찍는다. 하루 중 가장 행복한 시간이었다.

결혼하고 아이들이 먹고 남긴 음식으로 배를 채우는 경우가 많았다. 어차피 아이들이 먹다 남길 것이니 내 밥을 따로 차리지 않은 적도 있었다. 내가 먹고 싶은 음식도 가족들이 먹지 않으면 처음부터 만들지 않았다. 세상 소중한 나에게 미안하게도 살았다. 보디 프로필을 준비하면서 나를 위한 샐러드를 준비하고, 내가 좋아하는 재료를 샀다. 먹으면 안

되는 음식이 많아 그 과정이 쉽진 않았지만 그 안에서 행복을 찾았다.

사진을 찍을 때까지 새벽 시간 우선순위는 운동이었다. 4시에 일어나 루틴을 한 후 6시가 되면 헬스장으로 달려갔다. 한 시간 운동하고 아이들 아침을 차려주고 출근 준비를 했다. 일찍 운동을 하니 저녁에 일정이 생겨도 문제없었다. 노력한 만큼 몸에서 변화가 생겼다.

결혼 준비하면서 샀지만 작아져서 몇 번 입어보지도 못한 청바지를 15년 동안 보관하고 있었다. 신랑은 집 정리를 할 때마다 그 바지를 버리라고 했다. 입지 못할 바지를 왜 이사 때마다 가지고 다니는지 이해하지 못했다. 다른 건 다 버려도 그것만큼은 못 버리겠더라. 꼭 다시 입을 수 있을 거라 믿었다. 결국 내 생각대로 되었다.

<보디 프로필을 통해 깨달은 점 3가지>

1. 할 수 없는 건 없다.

2. 우선 저지르고 방법을 고민하면 된다.

3. 매일 꾸준히 하다 보면 어느 순간 원하는 결과에 도달한다.

친구들에게 보디 프로필을 찍겠다고 말했을 때 다들 입이 벌어졌다. 대부분 반응이 '왜?'였다. 어떻게 그걸 신청하게 됐는지도 물었다. 혼자 신청하라고 했으면 하지 않았을 거라는 걸 알기 때문이다. 해 보니 나도 할 수 있는 일이었다. 못할 이유가 뭐란 말인가.

우선 저지르고 나면 어떻게든 방법을 찾게 된다. 할지 말지 고민했던 순간에서 벗어나 이제는 해야만 하는 상황이기 때문이다. 카메라 앞에서 후회하고 있을 모습이 싫었다. 어차피 할 거라면 제대로 해내고 싶었다. 매일 식단과 몸무게를 공유하는 온라인 커뮤니티 활동이 도움이 되었다. 내 글에 달릴 다이어트 모임의 리더 천재래곤의 예상 댓글이 머릿속을 떠다녔다. 먹어도 된다고 말하겠지. 순간의 유혹에 넘어가면 결국 내 살이 찐다는 사실을 댓글로 확인 시켜줄 게 뻔했다. 행동에는 책임이 따르는 법. 손에 있던 간식도 놓게 만드는 마법 같은 댓글이었다. 참았다. 간식 하나 먹으면 5분 더 뛰어야 했으니.

초반엔 몸무게가 줄었지만 눈으로 보기에는 변화가 없었다. 정해진 시간마다 헬스장에 갔더니 어느 순간 눈바디(거울을 통해 몸 상태를 확인하는 것)에서 확연한 성과가 보였다. 매일의 결과만 봤다면 변화 없는 눈바디에 포기해 버렸을 수도 있다. 순간의 결과에 연연하지 않고 꾸준히 했더니 결국 원하는 몸을 얻었다. 특별한 방법이 있었던 게 아니다. 나를 믿으며 지루한 일을 매일 해나갔을 뿐이다.

둘째 후가 보디 프로필을 왜 찍는지 물었다. 엄마의 가장 젊은 날을 멋진 모습으로 남겨두고 싶어서라고 답했다. 대답은 했지만 순간 당황했다. 해내고 싶다는 마음만 있었지 왜 찍는지 이유를 생각해 본 적 없었기에. 며칠 뒤 동료가 같은 질문을 했다.

"마흔한 살, 제게 주는 선물입니다."

보디 프로필 촬영은 지금껏 내 몸을 제대로 돌보지 못했던 나에게 주는 선물이었다. 준비 기간 동안 나를 위한 음식을 준비하고 나만의 밥상을 차렸다. 그동안 삶의 중심이 가족이었다면 준비 기간 동안 내 시선은 '나'에게 머물렀다. 때로는 먹지 못하는 괴로움에 힘들었다. 추운 날 헬스장에 뛰어가며 뭐 하러 신청해서 이 고생을 하나 싶은 적도 있었다. 돌이켜 보니 결혼 후 처음으로 온전히 내 몸에 집중할 수 있는 시간이었다. 매일 몸을 살피고 좋은 것 챙겨 먹고 운동도 하면서 말이다.

그만두고 싶을 때마다 사진 속 당당한 내 모습을 상상했다. 스튜디오에서 보내 준 완성된 사진을 보고 놀랐다. 바랐던 모습 그대로였으니. 상상한 대로, 믿는 대로 된다. 보디 프로필은 이 말의 뜻을 알려 주었다.

목표한 바를 멋지게 해내고 있는 미래의 나를 상상한다. 간절히 바라고 행동하면 이루어질 것을 알기에 생각만으로도 이미 가슴이 벅차오른다.

아이들과 마라톤에 도전하다

보디 프로필을 찍기로 한 후 유산소 운동인 달리기부터 시작했다. 생전 운동이라고는 자리에 앉아서 하는 요가나 걷기, 자전거 타기가 전부였다. 보디 프로필을 멋지게 해내고 싶어 용기 내어 아침에 공원으로 나갔다. 그런 엄마를 옆에서 지켜보던 서이가 같이 나가자고 했다. 다음 날부터는 후도 같이 나갔다. 우리의 아침 달리기는 그렇게 시작되었다.

공원에서 아이들이 제일 어렸다. 엄마가 뛸 때 같이 뛰기도 하고, 힘들면 의자에서 쉬기도 하고, 놀이터에서 놀기도 했다. 궁금했다. 아침잠도 많은 아이들이 굳이 이 시간에 나와서 뛰지도 않고 벤치에 앉아 있는 이유가 말이다.

후는 아침 공기가 상쾌해서라고 답했다. 서이는 성취감을 느낄 수 있어서라고 했다. 아침 공기의 상쾌함과 성취감 때문에 뛴다고 했던 아이들은 엄마가 잇몸치료 때문에 뛰지 못하는 동안 아침 달리기를 하지 않았다. 깨워도 일어나지 못했다. 단순히 그 이유 때문만은 아닌가 보다.

답을 알 것 같으면서도 아이들에게 다시 물어본다.

"엄마가 뛰니깐."

"엄마랑 같이 뛰려고."

알고 있었으면서도 말로 들으니 더 고맙다. 엄마의 새로운 도전을 응원하기 위해 아침잠도 마다하고 달리기를 시작한 아이들. 누가 시켜도 못할 일을 단지 그 마음 하나로 함께 하고 있었다.

날이 추워지면서 달리기를 멈췄다. 나는 헬스장의 러닝머신으로 유산소 운동을 대신 했다. 봄이 되고 날이 따뜻해지면서 서이가 아침 달리기를 다시 하고 싶다고 말했다. 누나가 하면 뭐든 따라 하는 후도 함께 했다. 새벽 6시 30분. 해가 뜨지 않아 주변이 어둑어둑한 놀이터에서 간단히 몸을 풀고 달리기를 시작했다.

달리다 보면 숨이 턱 끝까지 차오른다. 이대로 멈추고 싶다는 마음이 가득하지만 참고 뛴다. 포기하지 않고 뛰다 보면 언젠가 목표에 이를 수 있다는 걸 알기에 가쁜 숨을 몰아쉬면서도 멈추지 않는다. 주위를 둘러보니 딸과 아들이 양옆에서 함께하고 있다. 얼굴이 빨갛게 달아올라 터질 것 같으면서도 엄마 옆에서 함께 뛰기 위해 속도를 맞춘다. 아이들 얼굴을 보니 없던 힘도 생긴다. 셋이 함께 나란히 뛰는 모습이 꼭 어벤저스 같다.

드디어 목표 지점이 보인다. 마지막 온 힘을 다해 달려 나간다. 힘들어서 그대로 주저앉아 버릴까 봐 아이들과 함께 카운트다운에 들어간다. 10, 9, 8, 7…3, 2, 1, 드디어 도착! 숨도 차고 가슴도 벅차다. 두 다리는 후들거리지만 뭐가 그리 신났는지 셋 다 환하게 웃는다.

조금씩 기록이 빨라지니 운동이 즐거웠다. 한 번에 달릴 수 있는 거리가 늘어날수록 자신감이 생겼다. 힘든 그 순간을 버티고 달리기를 마무리 지었을 때 느끼는 성취감은 다음 날 다시 달릴 수 있는 원동력이 되었다. 나와의 약속을 지켰다는 뿌듯함, 어제보다 조금 더 해냈다는 대견함, 수치를 통해 확인하는 성장을 통해 나와 삶을 긍정적으로 바라보게 되었다.

달리다 보니 새로운 목표가 생겼다. 우리 구에서 개최하는 가족 마라톤 대회에서 1등을 하는 것이다. 엄마 곁에서 함께 뛰기 위해 시작한 달리기에서 셋이 함께 이루어야 할 공동의 목표를 만들었다. 집으로 돌아오는 길, 놀이터에서 뛰는 모습을 지켜보던 할머니들이 우리를 향해 "잘한다, 잘한다!"를 연발하며 손뼉을 쳤다. 매일 같은 시간에 뛰는 우리를 지켜보시는 분들이다. 쑥스러워하면서 감사의 인사를 건넸다. 내가 아이들에게 보내고 싶은 박수를 할머니들이 대신 보내 주시니 감사할 따름이다.

며칠 전 아이는 숙제가 재미있어서 달리기를 쉬고 싶다고 말했다. 마라톤이 한 달도 남지 않은 시점이다. 달려봤자 20분이다. 아직 아침이니 하루 중 숙제할 시간은 많았다. 평소에 하기 싫던 집안일이 내일까지 제출해야 할 보고서 앞에서 갑자기 재미있어지는 것과 같은 마음일 거다.

"후야, 노력도 하지 않으면서 어떻게 좋은 결과를 바라겠어?"

아이에게 강요하지 않고 서이와 달리기를 하러 나갔다. 달릴 준비를 할 때 저 멀리 엄마를 부르며 달려오는 후가 보였다. 순간의 감정으로 피하고 싶었지만 다시 마음을 다잡고 나와준 아들이 고맙다. 노력한 만큼 값진 열매를 얻을 수 있을 거다.

드디어 마라톤 대회 당일. 5km 패밀리 런 종목에 아이들과 함께 참가했다. 출근 시간이 일러 아침 달리기를 하지 않았던 신랑은 결승선에서 우리를 기다리기로 했다. 1등 하자고 목표를 세우긴 했지만 막상 많은 인원을 보니 갑자기 주눅이 들었다. 출발선 앞에 서니 긴장이 되어 손에서 땀이 났다. 엄마와 달리 서이와 후의 눈빛이 매섭다. 출발 총소리와 더불어 후가 앞으로 치고 나갔다. 후의 목표는 여전히 1등인가 보다. 아이를 놓치지 않게 그 뒤를 바짝 쫓았다. 어느새 셋이 뭉쳐서 보조를 맞추어 뛰었다. 내가 앞서 나가고 두 아이가 그 뒤를 따랐다. 날이 더워 땀이 비 오듯 흐르고 숨도 찼다. 쉬고 싶다는 서이에게 후가 우리의 목표를 큰 소리로 말해주었다. 서이가 마지막 온 힘을 다해 달려 나갔다. 결승선을 얼마 앞두고 아빠가 눈앞에 아른거렸다가 사라졌다는 후. 힘든 순간 아빠가 떠올랐나 보다.

드디어 도착점이 보인다. 셋이 손을 꼭 잡고 2등으로 결승선을 통과했다. 매일 아침의 노력으로 공동의 목표를 이루어냈다. 시상대에 올라 상장과 상금을 받고 집으로 돌아오는 길, 아이들 목소리가 한껏 들떠 있다.

> "엄마, 인생이 마라톤 같아. 지금 걸으면 나중에 뛰어야 되잖아.
> 뛸 때는 힘들지만 다 뛰고 나면 이렇게 편하게 쉴 수 있고!"

달리기는 아이들에게 세상을 살아가는 데 필요한 것들을 알려주었다. 숨이 차 포기하고 싶은 순간을 참지 못하고 멈추면 아쉬움이 오래 남게 될 거라는 것, 매일 꾸준히 하다 보면 어제보다 조금 더 뛸 수 있게 된다는 것, 뛰다 보면 언젠가 목표 지점에 다다를 수 있다는 것이다. 달리기 하나에 인생을 살아가는 데 필요한 교훈이 다 담겨 있다. 최선을 다해 5km 마라톤을 완주한 경험이 아이들 삶에 귀한 선물이 됐을 거라 믿는다.

오늘도 운동을 마치고 한 손엔 아들, 다른 한 손엔 딸의 손을 잡고 집으로 향한다. 살면서 힘들 때마다 함께 뛰고 있는 아이들을 바라봐야겠다. 조금 앞서 뛰고 있는 엄마를 묵묵히 믿고 따르는 아이들의 모습을 말이다.

엄마의 시간 관리

"엄마, 오늘 문제집 새로 사 오는 날이라는데?"

퇴근 후 집안일을 하는데 서이한테 전화가 왔다. 며칠 전 카톡으로 온 선생님의 공지가 생각났다. 또 깜박했다. 하던 일 멈추고 서점으로 달려간다. 문제집을 사서 아이 학원에 전해주고 선생님께 죄송하다고 문자를 보냈다. 처음이 아니다. 고개가 절로 숙여졌다. 전날에는 병원에서 전화가 왔다. 아이 성장호르몬 진료가 있었는데 일한다고 잊고 있었다. 연신 죄송하다고 말하며 다시 날짜를 잡았다. 집으로 돌아오는 길 온몸에 힘이 다 빠졌다.

종종거리며 바쁘게 살고 있는데 매번 무언가 놓쳤다. 종일 뭘 했는지도 모르겠다. 자려고 누워서 뭣 때문에 이렇게 정신이 없었나 돌아보면 남는 게 없으니 허무했다. 분명 아침부터 밤까지 쉴 틈 없이 바빴는데. 해야 할 일을 시간 내에 끝내지 못했고, 놓치는 것도 많았다.

한다고 하는데 엄마 역할 제대로 못 하는 것 같아 아이들에게 미안하기까지 했다. 그렇다고 나를 위한 시간을 보낸 것도 아니다. 하루는 24시간이라는데 도대체 그 많던 시간이 어디로 다 사라졌을까. 침대에 누워서 "아이고, 좋다!" 말하는 걸 보면 분명 오늘도 여기저기 뛰어다니며 바쁘게 살았는데 말이다. 내일도 똑같은 하루가 반복될 텐데, 아침이 늦게 왔으면 좋겠다.

시간에 끌려다녔다. 애들 챙기다가 출근 준비하고 머리카락 휘날리며 뛰었다. 일하다가 퇴근 시간 되면 마무리도 못 하고 애들 데리러 급하게 나왔다. 내 마음의 에너지를 쌓을 시간이 없으니 점점 메말라 갔다. 잠을 충분히 자도 매일 아침 몸이 무거웠고 피곤했다. 방전된 배터리 같았다. 나이는 먹고 시간은 가는데 하루를 보내도 남는 것이 없었다. 무언가 대책이 필요했다.

아침에는 애들 챙기느라 바빴다. 출근하면 일에 집중해야 했다. 퇴근 후에는 밀린 집안일이 기다리고 있었고, 하루의 피로로 이미 눈도 반쯤 감겨있었다. 같은 워킹맘인데 꾸준히 자기 계발을 이어가는 슈퍼 맘들의 이야기를 책과 유튜브로 찾아보았다. 나의 하루와 무엇이 다른지 비교해 보니 시간 관리가 문제였다. 그들의 시간 관리 방법을 따라 했다.

가계부를 쓰면 돈의 흐름이 눈에 보인다. 생활비가 얼마 남지 않았다는 걸 눈으로 확인하면 한 푼이라도 더 아끼게 된다. 남은 돈을 어떻게 사용할지 계획하고, 줄일 수 있는 항목도 찾을 수 있다. 시간도 마찬가

지였다. 시간도 돈처럼 눈으로 보며 관리가 필요하다. 시간 가계부를 쓰기 시작했다.

다이어리에 일과를 그대로 적었다. 분명 무언가 열심히 했는데 막상 쓰려니 쓸 게 없었다. '집안일'이라고 썼지만 한 시간 내내 집안일을 하지는 않았다. 이어폰 귀에 끼고 유튜브를 보며 설거지했다. 중간중간 하던 일 멈추고 화면을 보느라 시간을 보냈다. 여유롭다고 생각했으니 빨리 끝낼 생각도 없었다. 30분이면 될 일이 한두 시간이나 걸렸다.

기록해 보니 허투루 보낸 시간이 생각보다 많았다. 차라리 빨리 끝내고 편히 쉬면 될 것을. 하기 싫은 일은 미루기도 했다. 중요하지 않은 일을 하며 그저 몸이 바삐 움직인다는 사실에 마음의 위안을 얻었다. 결국 중요한 일을 놓치거나 급하게 처리했다.

일주일 동안 시간 가계부를 써보니 하루의 흐름이 보였다. 집중이 잘되는 시간과 흘려보내는 시간을 찾았다. 아무도 방해하지 않는 나만의 시간도 만들었다. 결국 새벽 시간이었다. 몰입할 수 있는 시간에 중요한 일을 계획했다. 삶의 우선순위로 새벽을 채웠다.

해야 할 일들은 놓치지 않게 다이어리에 적었다. 집중이 잘되지 않는 시간에 중요하지 않지만 해야 할 것들을 하고 하나씩 지워갔다. 알람도 설정했다. 알람 소리가 들리면 하던 일을 멈추고 하기 싫어도 그 일을 했다. 물론 매번 지키지는 못했지만 하루가 모래알처럼 사라지지는 않았다. 놓치는 게 줄었고 남는 게 생겼다.

가계부를 쓰기로 마음먹었지만 시간이 없으면 내일로 미뤘다. 한번 미룬 일은 내일도 미루기 쉽다. 결국 일주일 치를 몰아서 작성하거나 그마저도 되지 않으면 가계부 쓰기를 포기했다. 운동도 하지 않아도 될 이유는 많았다.

　미루는 나의 습관을 고치기 위해 해빗 트래커(Habit Tracker)를 작성했다. 매달 실천하고 싶은 일 9~10개를 정하고 자기 전 실행 여부를 ○, ×로 표시하며 하루를 점검했다.

4시 기상, 가계부, 신문, 아침 독서, 글쓰기, 운동

저녁 독서, 블로그, 시간 가계부(다이어리)

　결과를 눈으로 확인해 보니 × 표시가 많아 스스로에게 민망한 날이 생겼다. 그런 날에는 시간을 내어서 하지 못한 일을 마무리하고 ○ 표시를 하고 잤다. 물론 여전히 모두 ○ 표시하는 건 쉽지 않다. 하나라도 더 마무리할 수 있으면 그것만으로도 의미가 있다. 시작도 못 한 일은 잠깐이라도 하고 × 대신 △ 표시를 했다. 아예 안 하는 것보다 낫지 않은가. 그렇게라도 실행했더니 한번 펼친 책을 오랫동안 읽기도 했다. 귀찮다고 미루던 습관도 조금씩 고쳐졌다. 퇴근 후 피곤하다고 소파에 누워 시간을 보내던 내가 집 정리하고 블로그 여는 게 일상이 되었다. 시간 가계부를 작성하면서 소파에서 시간이 낭비되지 않도록 정한 루틴이었다.

새벽 시간에 해빗 트래커의 많은 일을 한다. 4시 기상, 다이어리, 가계부 쓰기, 아침 독서, 신문, 글쓰기, 운동. 이미 반 이상이 동그라미다. 하루를 시작하면서 중요한 일 대부분을 해 놓으니 남은 일과를 여유롭게 보낼 수 있다.

자기 전 책상에 앉아 다이어리와 블로그에 하루를 기록한다. 작심삼일이라더니 3일도 안 되어서 계획한 일을 미루고 있었다. 눈으로 확인하지 않았다면 몰랐을 거다. 의미 없는 일들로 바쁘게 살았다고 스스로를 속이는 것도 모른 채 시간을 보냈겠지.

매일 하는 것이 나를 만든다. 과거의 모습이 지금을 만들었듯이 오늘 하루가 미래의 나를 만든다. 어제와 같은 하루를 보냈다면 오늘과 같은 내일을 쌓고 있는 것이다. 오늘이 만족스럽다면 살던 대로 살면 된다. 나는 만족스럽지 않았기에 시간을 다르게 사용했다.

누구에게나 주어지는 시간을 의미 없이 흘려보낼지, 나의 성장을 위한 시간으로 활용할지 선택할 수 있는 사람은 바로 나다. 시간에 끌려다니는 삶은 이제 그만하고 주도하는 삶을 살아보련다.

신랑에게 동기부여 해주는 게 목표였는데

주말 새벽이다. 자는 아이들 얼굴 쓰다듬으며 이불을 덮어주고 있었다. 신랑이 운동을 가자고 말했다. 보디 프로필을 준비하면서 주말마다 신랑과 같이 다니던 산책 대신 혼자 헬스장을 다녔다. 한동안 따로 주말 아침을 보내던 참이다.

"블로그 글 보니깐 운동을 해야겠어."

며칠 전 운동에 대한 글을 블로그에 썼다. 유산소 운동이 체력 향상에도 좋고 두뇌 발달, 학습 능력 향상에 도움이 된다는 영상을 보고 올린 글이었다. 그 글을 읽은 모양이다. 신랑은 자격증 준비로 책상에 앉아 있는 시간이 많았기에 누구보다 운동이 부족했다.

옷을 챙겨 입고 밖으로 나갔다. 차디찬 새벽바람이 얼굴에 와 닿는다. 시원한 공기를 들이마시니 콧속부터 머리까지 맑아진다. 아침 이슬을 머금은 촉촉한 새벽 기운에 기분마저 좋아졌다. 나란히 선 신랑도 깊이 숨을 들이마시며 옅은 미소를 짓는다.

새벽 공기를 함께 누릴 수 있는 이 순간이 오기까지 쉽지만은 않았다. 회사 일에 치여 생기를 잃어가는 신랑을 옆에서 보고만 있을 수 없었다. 젊은 날, 열정 넘치던 신랑의 모습을 찾아주고 싶었다. 10년 전 목표를 다시 이뤄보라고 말해도 신랑은 할 수 없는 이유만 찾았다. 핑계만 대는 신랑에게서 내 모습을 보았다. 나도 변화를 꿈꾸면서 하지 않을 변명만 되뇌고 있었으니.

신랑에게 동기부여 해주고 싶어 행동하기 시작했다. 그게 독서였고, 새벽 기상이었다. 처음엔 6시도 쉽지 않았다. 두 눈에 힘을 줘봐도 달라질 게 없건만 잠을 쫓기 위해 오만가지 인상을 다 썼다. 새벽 기상하려다가 주름만 늘어날 판이었다.

잠을 깨우기 위해 거실을 좀비처럼 걸어 다녔다. 나의 이런 노력에도 정작 신랑은 관심이 없어 보였다. 허벅지를 찌르며 버티는 나를 무심히 바라보던 신랑이었다. 함께 할 거란 기대가 점차 사라지고 있었다. 그래도 괜찮다. 새벽 시간의 그 차가운 공기와 고요함이 점점 좋아지던 참이었으니. 혼자 누리는 그 시간이 좋아 알람 시간을 조금씩 당겼다. 어느새 새벽 기상의 목표는 신랑이 아닌 내가 되었다. 나를 바라보기 시작하니 새벽에 하고 싶은 일들이 늘었다. 일찍 일어나는 이유가 바뀌었다.

어느 날, 신랑이 퇴근하는 나를 데리러 왔다. 손잡고 집으로 걸어가는 길, 무슨 할 말이 있는지 계속 분위기를 잡으며 주저주저한다.

"마누라, 나 공부 시작하려고. 이제는 준비가 된 것 같다."

가던 길을 멈추고 신랑을 바라봤다. 서로를 바라보는 그 짧은 찰나, 가을바람이 낙엽 비를 흩날리며 지나갔다. 마주 잡은 두 손에 힘이 들어간다. 신랑의 결심이 고맙다. 잔잔한 미소로 나의 마음을 전했다. 혼자 새벽 기상을 시작한 지 3개월이 지나가고 있었다.

나의 작은 도전과 변화를 지켜보던 신랑이 이제 목표를 정하고 행동하기로 결심했다. 꿈을 위해 첫발을 내딛기로 하고 새벽 기상을 시작했다. 3시 50분에 울리는 알람을 조금만 늦게 맞춰달라던 신랑도 점점 시간을 당겨 지금은 4시에 일어난다. 출근하기 전 매일 2시간 동안 자신만의 시간을 갖는다. 물론 밤 9시, 10시만 되면 졸음을 이기지 못해 아이들에게 인사를 하고 먼저 침대로 간다.

'같이'의 힘은 크다. 신랑의 전날 회식으로 혼자 일어나는 날에는 갑자기 피로와 노곤함이 몰려와 새벽 시간이 평소보다 더 힘들다. 방에서 각자의 시간을 보내느라 대화를 나누지 않아도 그저 같은 시간, 같은 공간에 함께 깨어있다는 것만으로 보이지 않는 힘이었나 보다.

블로그에 올라가는 내 글의 열혈 독자는 신랑이다. 댓글을 달진 않지만 지나가듯이 칭찬 한마디 하며 글쓰기를 응원한다. 부족한 글인 걸 알면서도 신랑의 칭찬에 괜스레 기분이 좋다. 오늘처럼 블로그에 올린 글을 읽고 바로 실천까지 해주니 고마울 따름이다. 서로의 성장을 응원하며 함께하고 있는 이 길, 게을러지고 흔들리는 순간 신랑을 바라본다.

신랑에게 보여주기 위해 시작한 새벽 기상이었다. 이른 알람 소리에 인상을 찡그리고, 돈을 아끼자고 말했을 때는 꿈쩍도 하지 않던 무심했던 신랑이 이제는 나와 같은 곳을 바라보고 있다. 며칠 못 갈 거로 생각했던 새벽 기상을 이어가고 가계부를 꾸준히 쓰는 모습을 보면서 나에 대한 믿음이 생겼으리라. 물론 여전히 마트에 가면 카트에 담기 바쁜 세 사람과 이를 막기 위해 고군분투하는 나지만.

행동하지 않는 말은 아무런 힘이 없다. 아이들에게도 가르치고 싶은 삶을 먼저 보여주어야겠다. 시간을 아끼며 살아라, 중요한 일을 먼저 해라, 우선 시작부터 해라 말해봤자 허공에서 사라질 게 뻔한 것을. 엄마, 아빠의 삶을 통해 아이들도 좋은 습관에 서서히 물들여 갈 거라 믿는다. 앨버트 슈바이처도 모범을 보이는 것은 남에게 영향을 줄 수 있는 유일한 방법이라고 말하지 않았던가.

신랑은 요즘 아침, 저녁으로 책상에 앉는다. 그렇게 좋아하던 퇴근 후 마시던 맥주 한 캔도 합격 때까지 잠시 미뤘다. 자격증을 위한 공부가 업무에 자신감도 불러일으켜 회사 일에 대한 스트레스도 줄었다. 요즘 들어 뭘 먹어서 그리 얼굴이 좋아졌냐는 소리도 듣는다. 신랑도 알 거다. 꿈을 향해 달려가는 지금이 얼마나 스스로를 빛나게 하는지.

될 때까지 포기하지 않을 것이기에 자신이 목표한 바를 이룰 거라 확신하는 신랑. 아이들은 아빠를 스스로 믿는 사람이라 말한다. 비록 시작은 나였지만 지금은 신랑의 성장이 다시 나를 세우고 있다. 아이들은 그런 아빠, 엄마를 옆에서 보고 배운다. 서로에게 좋은 자극이 될 수 있어 고맙다.

날이 추워서 그런지 공원에는 사람들이 많지 않다. 조용하고 한적한 공원에서 서로의 대화에 집중하며 나란히 걷는다. 상쾌한 아침 공기도 좋지만 신랑과 함께하는 산책길이라 더 좋다. 앞으로 걸어갈 길도 이렇게 서로의 고민을 나누며 나란히 걸을 수 있기를. 흔들릴 때마다 조금 앞선 사람이 끌어주고 밀어주며 꿈을 향해 지치지 않고 함께 나아갔으면 좋겠다.

신랑에게 동기부여 해주고 싶어 시작한 도전이 결국 나를 성장시켰다. 삶이 변하길 원하는 순간이 다시 온다면 누군가에게 기대지 말고 지금처럼 내가 먼저 행동하련다. 나의 도전과 열정이 조금씩 주변을 물들일 테니. 시기는 다를 수 있지만 결국 한 나무의 꽃들은 함께 피어나는 법이다.

제
3
장

가족에게 집중하는 시간
: 따뜻한 가족 문화가 필요해

아이 학교생활이 어렵대요

후는 어렸을 때부터 고집이 셌다. 자다가 울기 시작하면 이유 없이 한 시간을 넘겼다. 새벽 5시까지 이어진 울음에 친정에서 급히 도망치듯 집으로 온 적도 있었다. 카시트에 앉아 있는 게 불편하다고 강원도 여행을 가는 5시간 내내 우는 통에 같은 차에 탔던 친정 아빠가 혀를 내두르기도 했다.

문제는 아이가 단체생활을 하면서 시작되었다. 어린이집 선생님과 상담할 때마다 장난감을 혼자만 가지고 놀아 친구와 갈등 상황이 생긴다는 말을 들었다. 막내이기도 하고 고집이 세서 그렇다고 생각했다. 본인 마음에 들지 않으면 몇 시간이고 울던 아이, 하고 싶은 대로 해야만 하는 아이라고 말이다. 양보와 배려를 가르쳐야 했기에 아이가 고집을 피울 때면 우리 부부의 목소리도 커져만 갔다.

갑작스러운 코로나19로 인해 학교가 멈췄다. 1학년 입학을 해야 할 아이는 원격수업을 하며 학교가 아닌 집에서 수업을 들었다. 일주일에 한 번씩 등교하긴 했지만, 아이도 긴장해서인지 큰 탈 없이 지냈다. 상담 전화에서 학교생활에 대한 긍정적인 피드백이 돌아왔다. 이제는 커서 아이도 감정을 잘 조절하고 고집이 줄었다고 생각했다.

그러나 2학년이 되고 매일 등교를 하면서 학교에 쉽게 적응하지 못했다. 결국 담임선생님에게 전화가 왔다. 초등교사인 내가 내 자식 하나 제대로 못 가르치고 이런 전화를 받아야 한다니. 그 원망을 그대로 후에게 돌렸다. 아이에게만 변화를 요구했다. 나를 돌아볼 생각은 하지 않고 말이다.

선생님과 상의하에 아이 알림장에 매일 체크리스트를 만들어 보냈다.

1. 친구들이 불편하다고 말하면 바로 멈춘다. (   )

2. 선생님 말씀을 잘 듣고 따른다. (   )

3. 수업 시간에 장난을 치지 않고 집중한다. (   )

하루 수업이 끝나면 아이는 알림장에 있는 그 체크리스트를 매일 담임 선생님에게 가져가 ○, × 표시로 확인을 받았다. 집에서 지도해야 할 부분이 있다면 선생님이 따로 적어주었다.

어느 날 친구가 조심스럽게 풀 배터리 검사(종합 심리검사)를 권했다.

그저 아들이라 고집이 센 거라고 대답했지만 마음이 편치는 않았다. 아이가 검사를 받을 정도는 아니라며 회피하고 싶은 마음도 있었으리라. 결국 2학기 담임 선생님과 상담을 마치고 풀 배터리 검사를 바로 예약했다. 아이 학교생활을 듣고 나니 더 미루면 안 될 것 같았다.

풀 배터리 검사는 종합 심리검사다. 아이 성격, 정신건강, 정서적 능력, 인지적 능력, 지능검사 등 전반적인 심리를 검사지와 상담을 통해 알아본다. 필요한 경우 부모 양육 태도 검사와 아동 기질 성격검사(TCI)를 같이 할 수 있다.

검사 결과 아이의 불안 지수가 높았다. 주변을 통제하려 들었던 이유도 그 때문이었다. 자신의 통제에서 벗어나면 불안한 마음을 어찌할 줄 몰라 고집을 피웠던 거다. 마음을 알아주지 않으면 수동 공격, 즉 일부러 천천히 하거나 말로 상대를 공격하는 방식으로 자신의 불편한 마음을 표현했다. 학교생활에서 문제가 생긴 이유도 이거였다. 친구를 말로 공격했다. 행동의 원인을 정확하게 알지 못했던 엄마, 아빠는 아이의 고집을 꺾겠다며 아이를 몰아세웠고 그럴수록 아이의 불안은 더 높아져만 갔다.

돌이켜보면 후는 힘든 마음을 계속해서 표현하고 있었다. 엄마한테 혼나고 나면 꼭 공책에 엄마가 나쁘다는 글을 썼다. 잘못은 자기가 해놓고 엄마가 나쁘다고 말하는 아이를 볼 때마다 화가 났다. 아이가 왜 그런 말을 하는지 이유를 보려고 하지 않았다. 계속해서 엄마에게 메시지를 주고 있었는데 말이다.

엄마를 나쁘다고 한 아이는 죄책감에 시달렸다. 유치원이나 학교에 다녀오면 죄송하다는 편지를 한 글자 한 글자 정성껏 써왔다. 가끔은 자기도 속상했었다며 마음을 덧붙이기도 했다. 무지한 엄마는 아이가 써준 편지를 앨범에 차곡차곡 모았을 뿐 편지를 쓰면서 느꼈을 아이의 불편한 마음을 보지 못했다.

검사 결과를 듣고 나서야 아이의 행동과 말이 눈에 들어오기 시작했다. 아이는 불안한 감정을 어떻게 다스려야 할지 배운 적이 없었다. 알지 못하는 감정이니 말로 표현하기도 힘들었겠다. 대신 불안한 마음이 생길 때마다 고집을 피웠고 우는 것으로 마음을 표현해 왔다. 자신의 마음을 알아주는 사람이 없어 힘들었을 아이가 안쓰러웠다. 오히려 엄마가 화를 내며 불안한 아이를 더 불안하게 했으니.

아이는 엄마, 아빠가 하고 싶은 대로 한다는 말을 자주 했다. 잘하고 있다고 생각했는데 혼자만의 착각이었나보다. 아이가 부모로부터 사랑받고 존중받는다고 느끼지 못한다면 그건 아이를 위한 바른 방법이라 할 수 없다. 그렇게 말하는 아이의 생각을 들어봐야겠다. 엄마가 나쁘다고 말하고 마음대로 한다고 말하는 아이의 진짜 마음을 말이다.

가족 문화를 다시 세워야겠다. 가족과 서로의 생각을 나누고 아이의 의견을 수용할 수 있는 분위기가 만들어져야 한다. 엄마, 아빠 혼자만 결정하는 것이 아니라 가족 구성원이 만족할 수 있도록 의견을 수렴하는 과정도 필요하겠다. 불현듯 학급 회의가 떠올랐다. 교실에서 모두가 잘 지내기 위해 학급 회의를 하듯 집에서도 가족회의를 해봐야겠다고 말이다. 다양한 놀이로 집이 즐거운 곳으로 바뀌는 것도 좋겠다. 교실 문화를 학생들과 함께 세우듯 가족 문화도 아이들과 함께 만들어 가야 겠다. 아이들이 엄마, 아빠의 사랑을 느낄 수 있는 따뜻한 가족 문화로.

마음대로 되지 않으면 원하는 대로 될 때까지 울던 아이. 고집이 센 게 아니라 불안을 온몸으로 표현하고 있었던 거다. 알아주는 사람이 없으니 아이의 울음소리도 더 커져만 갔다.

이제야 마음을 몰라주는 엄마에게 죄송하다 한 글자 한 글자 꾹꾹 눌러쓰던 아이의 작은 손과 요동치는 마음이 보인다. 모든 행동에는 이유가 있다. 행동만 보지 말고 이유를 찾아야 했다. 문제의 원인을 제대로 파악해야 올바른 해결 방법이 보이기 마련이다.

밥상머리 대화법

　일요일 저녁 온 가족이 모여 밥을 먹는다. 이 시간 빠지지 않고 꼭 등장하는 질문이 있다.

　"얘들아, 이번 주는 어땠어? 가장 기억에 남는 일이 뭐야?"

　각자의 일주일을 나누다 갑자기 후가 진지한 표정으로 이야기를 시작했다. 후는 본인이 특별하다고 생각되는 순간들이 있다고 말했다. 달리기할 때도 그렇고, 태권도에서 줄넘기할 때도 그런 생각이 든다고. 피아노 칠 때도 마찬가지란다. 아이의 능력이 입이 떡 벌어질 정도로 우수하거나 선수로 뛸 정도겠냐마는 스스로 자신을 인정하고 칭찬하는 모습이 대견했다. 후의 말을 시작으로 자연스럽게 가족 모두 각자 자기가 잘하는 것을 한 문장으로 이야기했다.

　이대로 끝낼 수는 없다. 내 모습을 표현해 봤으니 가족이 생각하는 서로의 모습을 한 문장으로 이야기해 주기로 했다. 얼굴을 보고 바로 떠오르는 문장을 말하기로 한다. 자기 차례가 되면 가족이 나를 어떻게 표현

할지 기대감에 눈이 반짝반짝 빛났다. 각자 그렇게 표현한 이유도 덧붙였다. 가족들 표현 중 아빠는 '나 자신을 믿는 사람', 엄마는 '끈기 있는 사람', 서이는 '행복한 사람', 후는 '함께 있으면 웃게 되는 사람'이라고 말한 게 인상 깊다. 대화를 끝내고 나니 가족을 위해서라도 더 좋은 사람이 되고 싶다는 생각이 저절로 든다.

아이들과 나누는 밥상머리 대화가 즐겁다. 언제부턴가 가족 모두가 좋아하는 시간이 되었다. 나의 보물을 소개하는 주제 일기에서 후는 자신의 보물로 가족을 뽑았다. 밥상머리 대화에 관해 아래와 같이 썼다.

'가족과의 추억은 정말 1분 1초가 소중한 시간이다.

특히 다 같이 앉아 밥 먹으며 오늘 하루는 어땠고 왜 그랬는지

함께 이야기 나누는 시간은 참 소중하다.'

아침 6시 50분, 아빠 출근 시간이다. 하던 일을 멈추고 가족 모두 문앞에 모여 잘 다녀오라고 인사를 한다. 하루의 시작을 알리는 우리 집문화다. 그 뒤 엄마는 학교, 아이들은 학교와 학원에서 각자의 일상을 보낸다. 해가 지고 깜깜한 저녁 시간이 되어서야 다시 만난다. 바쁜 일상에 서로의 마음을 나눌 시간 갖기가 쉽지 않다. 후는 퇴근하고 집안일을 하는 엄마 뒤를 졸졸 쫓아다니며 학교에서 있었던 일을 말했다. 아침

에 헤어지고 저녁에 만난 엄마에게 얼마나 많은 이야기를 나누고 싶었을까?

버락 오바마 대통령은 일을 하다가도 가족과의 저녁 식사는 놓치지 않았다는 글이 생각났다. 우리 가족이 함께 모일 수 있는 장소, 식탁이다. 밥 먹는 시간 핸드폰을 사용하지 않기로 약속하고 서로의 대화에 집중하기 시작했다.

SBS 스페셜 『밥상머리의 작은 기적』에 따르면 하버드 대학에서 실시한 연구 결과 가족 식사 시간에 이루어지는 대화를 통해 아이들은 안정감을 느낀다고 한다. 대화하는 동안 책 읽을 때보다 10배 많은 어휘를 제공한다. 콜롬비아 대학 약물오남용 예방센터(CASA) 연구에서도 가족과 식사를 자주 하는 아이들의 학업 성적이 향상되었고 비행률도 절반으로 줄어들었다는 결과가 나왔다. 책상에 앉아 오랜 시간 공부하는 것보다 가족과 함께하는 30분의 식사 시간에 집중해야 하는 이유다.

밥상머리 대화의 주제는 그때그때 다르다. 아이가 목표에 관해 이야기하면 가족 목표가 주제가 되고, 가족의 추억이 이야깃거리가 되기도 한다. 엄마, 아빠의 고민도 털어놓는다. 밥상머리에서 아이들에게 아침에 읽었던 신문 기사를 말하기도 하며 금리와 환율에 관해 이야기한다. 딱딱하다고만 생각하는가? 아이들 생활에 자연스럽게 스며들 수 있도록 언급만 해 줘도 관련 용어를 들었을 때 낯설지 않게 다가갈 수 있다.

엄마가 말하는 경제 이야기가 재밌다고 말해주니 더 신난다.

밥상머리 대화만 잘해도 아이들과 진하게 마음을 나눌 수 있다. 이때 아이를 가르치려는 마음을 내려놓아야 한다. 설교의 장이 되어서는 안 된다. 부모가 먼저 마음으로 다가갈 때 아이들도 마음을 활짝 연다. 우리 부부가 아이들에게 고민 상담을 시작한 이유도 마음으로 대화하기 위한 방법이었다. 고민을 들을 때 아이들 표정도 제법 진지하다. 함께 고민하다 보면 답이 보이기도 한다. 아이가 말해 준 그 방법을 사용해 보고 후기를 들려주기도 한다. 고맙다는 인사도 잊지 않는다. 엄마, 아빠에게 도움이 되었다는 사실에 아이들 얼굴에 뿌듯한 미소가 번진다.

"아빠는 오늘 점심 뭐 먹었어?"

서로의 일상을 묻는 아이와 아빠, 그 모습을 흐뭇하게 바라본다. 힘들었던 나의 하루, 누군가의 관심 어린 한마디로 고단함이 눈 녹듯 녹아내린다. 신랑의 표정을 보니 지금 딱 그렇다. 서로의 일상에 관심을 가지며 시작된 대화는 밥 먹는 내내 다양한 주제로 이야기가 끊이질 않았다.

밥상머리 대화를 통해 아이들의 하루를 응원하기도 하고, 선택을 지지하기도 한다. 때로는 엄마의 걱정을 전달하기도 하고, 가족의 꿈을 나누기도 한다. 가족과 함께하는 이 시간이 힘들었던 하루를 위로해 주고, 하루를 사는 힘이 된다.

식당에 가면 음식을 기다리면서, 밥을 먹으면서도 핸드폰을 놓지 않는 경우를 종종 본다. 앞에 가족이 앉아 있지만 눈은 핸드폰을 향해 있다. 물론 필요한 정보를 찾고 해야 할 일이 갑자기 생기는 경우도 있다. 하지만 식사하면서도 핸드폰에 시선을 빼앗긴 채 서로 말없이 앉아 있는 모습을 보면 안타깝다.

대화하지 않으면 나눌 말이 점점 사라진다. 나중에 하고 싶어도 할 말이 없거나 아이가 거부할 수도 있다. 지금이 생애 마지막 순간이라면 내 눈에 담고 싶은 건 가족의 모습이지, 핸드폰 화면이 아니지 않은가.

식탁에서 아이 눈을 바라보고 서로의 하루를 나누었더니 아이는 자신의 보물로 가족과 밥상머리 대화를 뽑았다. 아이에게는 고픈 배뿐만 아니라 마음도 채워지는 시간이었나보다. 작은 순간을 공유하면서 대화거리가 늘어나고 가족이 더 끈끈하게 연결되었다.

서로의 배와 마음을 채워주는 밥상머리 대화, 하루의 피로를 녹이는 단비 같은 시간이다.

식탁에서 할 수 있는 놀이

밥 먹으면서, 또는 밥을 다 먹고 식탁에서 간단한 놀이를 하기도 한다. 밥 먹는데 방해되지 않게 자리에 앉아서 쉽게 할 수 있는 놀이다. 텔레파시 게임, 끝말잇기, 스무고개, 밸런스 게임, 속담 말하기 등 언어유희로 할 수 있는 놀이는 많다. 가끔은 아이들이 그 자리에서 즉흥적으로 놀이를 만들기도 한다.

그중 우리 가족이 좋아하는 놀이 2가지를 소개한다.

<안 내면 먹기, 가위바위보!>

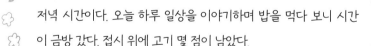

저녁 시간이다. 오늘 하루 일상을 이야기하며 밥을 먹다 보니 시간이 금방 갔다. 접시 위에 고기 몇 점이 남았다.

"어? 고기 2개 남았다. 안 내면 먹기, 가위바위보!"

사전 예고도 없이 바로 게임에 들어간다. 가위바위보 소리가 나기 무섭게 하던 일을 멈추고 모두 게임에 참여한다. 안 내면 먹기라고 외쳤기 때문에 가위바위보를 하지 않으면 먹어야 한다.

"으아, 후가 졌어!"

가위바위보에서 진 후는 머리를 쥐어뜯으며 자연스레 고기 한 점을 집어 입에 넣는다. 나머지 가족은 안도의 손뼉을 치며 웃는다. 고기 한 점이 더 남았다. 눈에서 빛이 난다.

"안 내면 먹기, 가위바위보!"

이번엔 아빠다. 이게 뭐라고 나머지 가족은 큰 함성으로 승리를 기뻐한다. 아빠는 오만가지 인상을 다 찡그린다. 가족들이 웃는 모습을 보니 개그 본능이 깨어나나 보다. 우스꽝스러운 표정으로 가족을 즐겁게 만든다.

우리 집 식사 풍경이다. 우리는 남은 반찬이 있을 때마다 자연스럽게 외친다.

"안 내면 먹기, 가위바위보!"

가위바위보 게임을 언제부터 했는지 모르겠다. 식탁을 정리하다 보면 남은 음식들이 아까울 때가 있다. 입이 짧아 먹고 싶지 않은 건 절대 먹지 않는 신랑과 아빠를 닮은 아이들은 남은 음식이 버려지는 것에 개의

치 않았다. 버리자니 아깝고, 혼자 먹자니 내 살만 불어갔다. 안 되겠다 싶어 가위바위보를 해서 먹자고 제안했다. 처음에는 싫다고 거부하던 아이들과 신랑도 한두 판 해보더니 재미가 있었는지 게임을 거절하지 않았다. 나중엔 남은 반찬이 있을 때 먼저 하자고 나서기도 하고 일부러 게임을 위해 음식을 남겨놓기도 했다. 모든 반찬에 가위바위보를 하진 않는다. 몇 개씩 남아 버리기 아쉬운 음식이 생길 때마다 외쳤다. 이제 는 자연스러운 가족 문화가 되었다.

집에서만 하지 않는다. 식당에 가서도 남은 음식이 있으면 가족 중 누군가가 게임을 시작한다. 우리 가족이 하는 걸 지켜보던 다른 가족이 함께하자고 말하기도 한다. 배가 불러 남은 고기를 먹지 않겠다던 아이 친구도 같이하고 싶다고 나섰다. 아이가 져서 고기 한 점을 더 먹으면 지켜보는 엄마는 만족스러운 표정을 지었다. 하나라도 더 먹일 수 있어 좋고 버리는 음식이 줄어드니 이것도 좋다.

가위바위보 한판 했을 뿐인데 모두가 아이처럼 소리 내서 웃고 있다. 별것 아닌 이 게임으로 어제도 눈물이 날 정도로 웃었다. 단순해서 긴 설명도 필요 없다. 어른도 아이도 누구나 참여할 수 있다. 남은 음식이 보이면 이젠 자동으로 외친다. 안 내면 먹기, 가위바위보!

<이야기 만들기 놀이>

밥을 먹는 동안 가족과 힘을 합쳐 한 편의 이야기를 만들 수 있다. 짧은 동화 작가가 되는 것이다. 우선 이야기 만들 순서를 정한다. 우리 가족은 네 명이므로 네 문장으로 이루어진 이야기 한 편을 만든다. 첫 번째 사람이 한 문장으로 이야기를 시작한다. 두 번째 사람이 그 문장에 이어지는 상황을 한 문장으로 표현한다. 세 번째 사람도 동일한 방법으로 만든다. 네 번째 사람이 이야기를 마무리 지으면 된다.

아빠: 꽃이 만발하고 아름다운 성에 우리 가족이 살고 있었어요.

후: 둘째는 공부를 잘하고 멋있고, 뭐든지 잘해서 사람들이 부러워했어요.

서이: 첫째는 둘째보다 공부를 더 잘하고, 착하고, 예쁘고, 뭐든 잘해서 사람들이 더 부러워했어요.

엄마: 첫째, 둘째가 이렇게 예쁘고, 착하고, 똑똑한 건 모두 예쁜 엄마, 아빠를 닮았기 때문에 아이들은 부모님께 고마워했으며, 우리 가족은 행복하게 살았답니다.

마지막 문장을 만드는 사람이 이야기를 코미디로 끌고 갈 수도 있고 공포물로 바꿀 수도 있다. 가족의 순서를 바꿔가며 모두 한 번씩 이야기의 끝을 맺을 수 있도록 한다. 이야기는 한 문장으로 표현할 수도 있고, 두 문장으로 만들 수도 한다. 더 긴 이야기를 만들기 위해 이야기를 덧붙여 길고 긴 하나의 문장으로 말하기도 한다. 문장의 길이는 상황에 따라 가족들과 의논해서 결정하면 된다.

내가 이야기 속 주인공이 되기도 하고, 엄마, 아빠를 우스꽝스럽게 표현하기도 한다. 가족들이 말하는 문장을 상상하다 보면 음식을 입에 물고 있어도 웃음이 새어 나온다. 순서를 돌아가며 네 개의 다른 이야기를 만들었어도 마무리하기 아쉽다고 더 하자고 한다. 시간이 오래 걸리지도 않는다.

아이들은 앞서 말한 사람들의 이야기를 상상한다. 그 뒤를 연결할 새로운 상황을 만들어 간다. 문장을 말하며 웃는 이유는 이야기 속 한 장면을 머릿속으로 떠올렸기 때문일 거다. 상상 속 이야기에는 불가능이 없다. 창의력을 마음껏 펼치며 새로운 아이디어를 만들어 나간다. 흥미 있는 이야기를 찾아 재미있게 전달하기 위한 다양한 표현을 생각하려 애쓴다. 주변 반응에 성취감도 느낀다. 여기에 가족의 유쾌한 웃음과 재미까지 더해지니 스트레스도 풀린다.

자연스럽게 가족과의 대화는 '즐겁다, 행복하다, 재미있다, 또 하고 싶다'로 연결된다. 식탁에 웃음꽃이 핀다.

가족 놀이도 문화가 될 수 있어 1

<가족 버킷리스트>

새해가 되면 가족이 모여 공동의 목표, 버킷리스트를 만든다. 올해 이루고자 하는 각자의 목표도 있겠지만 가족과 함께하고 싶은 것도 있을 테니 말이다. 한 해 동안 함께 하고 싶은 일들을 제한 없이 모두 말한다. 올해 가족 버킷리스트 후보에는 강아지 키우기, 가족사진 찍기, 가족 달력 만들기, 마라톤 대회 참여하기, 단체 티 만들기 등 15개의 의견이 모였다.

적당히 의견이 모이면 가족에게 내가 왜 이걸 하고 싶은지, 어떤 점이 좋은지 설득의 시간을 갖는다. 그래야 가족들이 하고 싶은 마음이 생겨 뽑아줄 수 있기 때문이다. 더 이상 하고 싶은 이야기가 없으면 거수로 결정한다. 의견을 하나씩 읽어줄 때마다 하고 싶은 것에 횟수 제한 없이 손을 든다. 손을 들다 보면 만장일치가 되는 몇 가지 의견이 나온다.

만장일치가 많아서 다 실행하기 힘들면 다시 의견을 모아 그중에서 취사선택한다. 너무 적으면 가장 많은 표를 받은 의견 중 가족들과 의논해 몇 가지를 더 선택한다.

1. 하고 싶은 일들을 자유롭게 이야기한다. (중요! 제한이 없어야 한다.)
2. 내가 낸 의견 중 덧붙일 말이 있으면 가족에게 설명한다. (설득의 시간)
3. 하고 싶은 일에 손을 든다. 이때, 횟수 제한 없이 하고 싶은 건 다 든다.
4. 만장일치인 의견을 정리한다. 이게 바로 올해 버킷리스트다.

<2024년 우리 가족의 버킷리스트>

1. 관악산 등산하기

2. 자유의 날 갖기

3. 해외여행 가기

4. 뮤지컬 보러 가기

5. 한 해를 열심히 살고 연말에 멋있는 옷 입고 레스토랑 가서 서로를 응원하기

강아지를 키운 것도 아니고 해외여행을 간 것도 아닌데 상상하는 것만으로도 아이들 얼굴에서 웃음이 떠나지 않는다. 해외여행은 제주도 여행으로 대체되어 지난 2월 다녀왔다. 현충일을 맞이해서 아이들이 좋아하는 〈영웅〉 뮤지컬도 보았다. 10월에는 관악산을 등산했다. 산을 오

르며 단풍도 구경하고 내려와서 세상에서 제일 맛있었던 삼겹살도 먹었다. 쌈에 김치, 고기, 밥을 올려서 야무지게 먹는 아이들을 보니 안 먹어도 배가 불렀다. 등산을 다녀오고 서이와 후는 다른 산에도 도전해 보고 싶다고 말했고, 나는 아이들과 함께 할 한라산을 떠올렸다. 신랑은 버킷리스트에 더 이상 등산은 없을 거라 말했다. 두고 볼 일이다.

버킷리스트를 다 실행하지 못할 수도 있다. 그래도 괜찮다. 가족과 함께하고 싶은 것을 나누는 것만으로도 귀한 시간일 테니. 목표 중 하나라도 함께 한다면 그걸로도 의미가 있다.

아이가 정리한 가족 버킷리스트를 식탁 옆에 붙여 놓았다. 매일 보며 상상한다. 가족이 함께할 모습을 말이다. 그럼 이루어진다. 할 수 있는 방법을 찾고 의논하게 될 테니. 오늘도 식탁에 앉아 버킷리스트를 바라본다. 다음엔 뭘 하지? 하나씩 이루어 나갈 때마다 함께 웃으며 새로운 경험을 쌓는다. 행복한 추억이 하나 더 늘었다.

<마사지 게임>

금요일 저녁은 보드게임 시간이다. 가족끼리 정한 우리 집 루틴이다. 이 시간만큼은 하던 일을 멈추고 아이들과 보드게임 한판 한다. 보드게임을 통해 아이들은 문제 해결 능력을 기르고 무엇보다 규칙을 지키는 법을 배울 수 있다. 게임을 하는 동안 협동, 경쟁, 의사소통이 이루어지므로 집중력과 인내심을 기르는 데도 도움이 된다.

게임은 뭐니 뭐니 해도 보상이 있어야 승리욕이 생기는 법이다. 지면 벌칙이 있다. 바로 5분 마사지다. 진 팀이 이긴 팀에게 5분 마사지를 해준다. 마사지 시간은 놀이에 따라 3분, 7분으로 조정한다. 여행을 가서 받았던 마사지가 좋았는지 아이들이 집에 돌아와서 해달라고 말했던 게 시작이었다. 서로 받길 원해서 놀이로 결정하기로 했다. 몰입도도 높일 겸 보드게임을 할 때 벌칙으로 마사지를 활용한다. 때로는 팀을 나누어 간단히 가위바위보로 마사지를 해준다.

마사지에는 고요하고 차분한 음악이 빠질 수 없다. 듣기만 해도 몸이 나른해지는 음악을 깔고 조명을 최대한 어둡게 해서 편안히 쉴 수 있는 분위기를 만든다. 타이머를 맞추고 로션을 준비한다. "고객님, 오늘은 어디를 중점적으로 해드릴까요?" 묻는다. 순간 역할극 놀이에 심취해 마사지를 받는 손님이 되기도 하고 마사지사가 되기도 한다.

아이들 체온이 그대로 전해진다. 고사리손이 내 몸에 닿는 순간 온몸에 따뜻한 기운이 퍼져 나간다. 마음이 편안해지고 안정된다. 받는 것도 좋지만 아이들에게 마사지를 해주는 것도 좋다. 손발을 주무르며 어느새 다 자란 아이들 몸을 구석구석 살펴본다. 누워있는 아이들 표정만 봐도 알겠다. 아이들도 내가 마사지를 받을 때 느끼는 편안함과 행복을 그대로 느끼고 있다는 것을 말이다.

스킨십의 중요함을 알려주는 헝겊 원숭이 실험이 있다. 1940년대 해리 할로우 박사는 새끼 원숭이들에게 철로 만든 모형 원숭이와 천으로 만든 인형 원숭이로 실험했다. 철로 만든 모형 원숭이는 젖병을 가지고 있었다. 새끼 원숭이들은 배가 고플 때만 철로 만든 모형 원숭이에 머물 뿐 대부분의 시간을 천으로 만든 인형 원숭이에게서 보냈다. 부드러운 천 위에서 물고 비비는 활동적인 모습을 더 많이 보였다. 피부를 통한 스킨십이 중요하다는 걸 실험을 통해 증명해 낸 것이다.

신체 접촉을 통해 전해지는 기분 좋은 자극은 고스란히 뇌로 전달된다. 뇌에서 분비되는 옥시토신은 아이의 스트레스를 줄이고 마음을 안정되게 한다. 면역력 강화에도 도움이 된다. 부모와의 신체 접촉을 통해 긍정적인 자아상도 형성된다.

손, 발, 다리, 얼굴을 주무르면서 아이의 온몸을 구석구석 어루만진다. 마사지하는 동안 부모는 아이에게 온전히 집중한다. 아이가 부모에게 사랑받는다고 느낄 수 있는 것만으로도 마사지 효과는 충분하다. 서로의 손길이 스치고 지나간 곳의 온기는 온몸과 마음으로 퍼져 나간다. 얼었던 마음도 녹일 만큼 따뜻하다.

가족 놀이도 문화가 될 수 있어 2

<용서의 날>

우리 집은 종종 용서의 날을 갖는다. 용서의 날이란 별거 없다. 엄마, 아빠한테 얘기하지 못한 것 중 마음에 불편한 게 있으면 편히 터놓는 날이다. 단, 그게 무엇이든지 용서해 준다는 전제가 깔려 있어야 한다.

어느 날 밥을 먹는 동안 아이의 얼굴에서 불안한 기색을 느꼈다. 오늘 하루 있었던 일을 이야기하던 중 아이의 오후 일정이 무언가 깔끔하지 않았다. 말하는 아이의 표정에서 그 이유를 찾을 수 있었다. 솔직하게 말하지 못한 무언가가 있나 보다. 이대로 마무리하기에는 아이 마음도 편치 않을 것 같아 즉흥적으로 말한 게 용서의 날 시작이었다.

"오늘은 용서의 날이야. 무엇이든지 용서받을 수 있어! 엄마한테 말해 봐."

아이는 주저하며 아무 일 없다고 했다. 하지만 엄마는 아이 표정만 봐도 안다. 용서의 날이 처음이었으니 진짜 용서받을 수 있을지 알지 못했을 거다. 그러니 엄마 눈치만 살피고 있었다. 아이를 채근하지 않고 가만히 기다렸다.

"엄마, 사실은⋯."

아이의 말에 당황하거나 놀라지 않고 의연한 태도를 유지했다.

"그랬었구나. 엄마한테 말도 못 하고 불안했겠네. 용서의 날이니깐 다 용서해 줄게!"

아이의 표정이 점차 밝아졌다. 그러자 그동안 말하지 못했던 일들이 술술 나왔다. 옆에 있던 서이도 덩달아 그동안의 일들을 이실직고하기 시작했다. 서로 경쟁하듯이 용서할 거리가 나왔다. 속이 부글부글 끓었지만 절대 표정으로 드러내지 않았다. 귀엽기도 하다. 이렇게 술술 불 수 있다니! 한바탕 고해성사가 끝나고 나니 아이들 표정이 밝다. 마음도 얼굴만큼이나 가벼워졌을 거다.

엄마는 이때부터 고민의 시작이다. 앞으로 같은 일이 반복되지 않도록 해결책을 찾는다. 예를 들면, 아이는 엄마가 자는 동안 핸드폰을 보느라 늦게 잤다고 말했다. 요 며칠 아침에 일어나기 힘든 이유가 바로 이거였다. 솔직하게 말한 아이를 비난하거나 혼내지 않았다. 자기 잘못을 이야기하는 건 용기 있는 행동이기 때문이다. 일찍 자야 하는 이유를 이야기해 주고 앞으로 어떻게 하면 좋을지 방법을 함께 찾았다. 아이는 스스로 절제하기 힘드니 핸드폰을 자기 전에 엄마에게 맡겼으면 좋겠다고 해결책을 말했다.

엄마 몰래 게임을 했다고 용서해달라는 아이에게는 구체적인 방법을 묻기도 했다. 아이는 몰래 게임을 할 수 있는 방법을 거리낌 없이 이야기했다. 기발한 방법에 감탄이 절로 나왔다. 다 들은 후 엄마는 온화한 표정으로 용서하기만 하면 된다. 몰래 게임을 하는 방법에 대한 고급 정보를 획득했으니 이미 원하는 걸 얻었다. 필요하다면 같은 일이 반복되지 않도록 아이를 위한 환경을 은밀히 마련해 주면 될 일이다.

아이들은 종종 용서의 날을 갖자고 먼저 요청한다. 엄마는 아이들의 몰랐던 일상을 알게 되어 좋고, 아이들은 그동안 말하지 못하고 쌓여있던 무거운 마음을 벗어던질 수 있어서 후련하다. 부모에게 숨기는 것이 있으면 아이는 불안해지고 위축된다. 자존감도 저하되고 스트레스도 받는다. 용서의 날은 아이의 마음에 갖고 있는 짐을 한 번씩 덜어낼 기회를 주는 것이다.

성당에 가야지만 고해성사를 할 수 있는 건 아니다. 부모가 그 역할을 해주면 된다. 엄마는 아이들에게 뭐든 다 해줄 수 있는 천하무적이니 말이다. 엄마의 역할은 무궁무진하다.

<자유의 날>
거실에 누워서 게임을 하는 후가 연신 말한다.

"아, 행복해. 엄마, 너무 행복해. 누나 행복하지 않아?"

지금 이 순간 세상에서 가장 신나는 후다. 자기도 모르게 행복하다는 말이 반복해서 튀어나올 정도로 말이다. 노래도 흥얼거린다. 그렇게 좋을까.

오늘은 1년에 딱 하루 있는 우리 가족 자유의 날이다. 후는 1년 내내 이날을 기다린다. 일주일 전부터 이미 엄마가 하는 잔소리마저 아름답게 들린다. 짜증도 내지 않고.

"엄마, 내가 철이 들었나 봐. 화를 내지 말아야지 생각하니깐 화가 안나."

자유의 날 힘이라는 걸 알고 있다. 사랑에 빠진 사람들이 세상이 한없이 밝게만 보이는 현상과도 같을 거다. 자유의 날을 일주일 앞둔 후에게 세상은 온통 핑크빛이다.

가족회의를 시작하고 함께 모여 버킷리스트를 정하고 있었다. 아이들은 엄마, 아빠의 아무런 간섭을 받지 않는 자유의 날을 갖고 싶다고 말했다. 긴 회의 끝에 엄마, 아빠를 설득해 자유의 날이 확정되었다. 서로가 만족할 수 있는 자유의 날에 대한 규칙도 정했다.

1. 자유의 날은 아침 6시부터 그날 자정까지이다.
2. 하고 싶은 일을 한다. 단, "밥 먹자." 소리가 들리면 하던 걸 멈추고 식탁으로 모인다.
3. 밥 먹는 30분 동안 가족과 눈을 마주치고 이야기한다.
4. 이날은 엄마, 아빠도 자유의 날이다. 해달라고 요구하지 않는다.

　자유의 날은 엄마, 아빠에게도 좋다. 아이들 밥을 챙겨주고 하고 싶은 것을 마음껏 할 수 있으니. 자유의 날을 누리고 나면 아이들 표정이 밝다. 마음속 쌓여있던 욕구가 충분히 해소되는 모양이다.

　가족회의를 통해 자유의 날을 획득한 아이들은 그 뒤로 원하는 것이 있을 때 가족회의를 열고 싶다고 먼저 요청했다. 아이들이 가족회의를 좋아하게 된 가장 큰 계기가 된 날이기도 하다. 회의 결과가 가족 일상에 반영된다. 그러니 자신의 의견을 관철하기 위해 충분히 생각하고 이유를 논리적으로 말한다. 떼쓰지 않아도 원하는 것을 이룰 수 있다는 걸 배운다.

　자유의 날이 끝나는 순간 후는 말한다.
　"아, 아쉽다. 자유의 날이 다시 왔으면 좋겠다."

후야, 이제 1년 남았다. 자유의 날이 다가올수록 후의 세상은 다시 핑크빛으로 변하겠지.

우리가 선택한 거니깐 힘들어도 해낼 수 있어!

아빠의 시험으로 미루고 미루던 여름휴가를 다녀왔다. 리조트에서 수영하고, 탁구, 스쿼시도 쳤다. 저녁을 먹은 후 숙소로 돌아와 아이들은 하고 싶은 일을 하고 엄마, 아빠는 쉬면서 바닥난 체력을 보충했다. 이제 내일 일정을 이야기할 시간이다. 이럴 때 우리는 가족회의를 한다. 가족회의 하자는 말 한마디에 침대에서 놀고 있던 아이들, 맥주 한잔을 들이켜던 아빠, 그리고 엄마가 한곳에 모인다.

우선 하고 싶은 활동을 각자 이야기한다. 아이들은 수영, 스쿼시를 다시 하고 싶다고 했다. 로비 화면에서 보았던 농구장을 기억해 낸 후는 농구도 추가했다. 활동에는 모두 동의했지만 12시 체크아웃이니 시간이 문제였다. 시간 분배를 어떻게 해야 할지 다시 의논한다. 각자 생각하는 활동의 순서, 시간을 이야기하고 가장 합리적이라고 생각하는 의견에 손을 든다. 생각을 보태어 다음 날 일정을 결정했다. 활동 시간을 확보하기 위해 아침 6시에 일어나서 하루를 시작하기로 말이다. 오늘도 꽉

찬 일정으로 피곤할 텐데 내일도 일찍 일어나는 게 가능하겠냐는 엄마의 걱정에도 아이들은 할 수 있다고 자신 있게 외쳤다.

　다음 날 6시 알람이 울린다. 곤히 자는 아이들을 깨운다. 스쿼시하러 가자는 말은 잠결에도 귀신같이 알아듣는다. 눈을 동그랗게 뜨고 무거운 몸을 침대에서 일으킨다. 먼저 일어난 서이가 후를 격하게 깨운다. 일어나라는 누나의 말 한마디에 후도 벌떡 일어난다. 역시 엄마보다 누나 말의 힘이 더 세다. 침대에 앉아 개구리처럼 부은 눈을 힘겹게 뜨고 있었다. 더 자려면 자도 된다는 엄마 말에 고개를 양옆으로 저었다.
　옷을 입고 빠른 걸음으로 리조트 지하로 향했다. 이 시간, 리조트 지하에 사람이 있을 리 없다. 아이들은 텅 빈 탁구장과 스쿼시장을 보자마자 뛰어갔다. 그렇게나 좋을까. 준비 운동을 하고 탁구를 먼저 한 후, 한 시간 동안 스쿼시를 쳤다. 공이 벽면에 튕길 때마다 경쾌한 소리가 세트장에 울려 퍼졌다. 랠리가 이어져서 좋고, 계획한 대로 스쿼시를 하고 있으니 더욱 좋다.

　아침 운동 후 조식을 먹었다. 운동을 하고 먹어서 그런가, 평소보다 더 맛있다. 밥 먹는 데 많은 시간을 보낼 수 없었다. 수영과 사우나, 농구가 기다리고 있기 때문이다. 결국 무리라고 생각했던 그날의 일정을 거뜬히 소화했다. 아이들을 도저히 따라갈 수 없는 저질 체력의 엄마,

아빠는 아이들이 수영하는 동안 수영장 벤치에서 번갈아 자며 휴식을 취했다.

누가 하라고 하면 해내지 못할 일정이다. 전날도 그렇게 열심히 놀았는데, 다음 날도 6시부터 일어나 이렇게 빡빡한 일정을 보내다니! 힘들어하는 기색 없이 신나서 뛰어다니는 아이들을 보며 생각했다. 이건 아이들이 스스로 결정한 일이니 가능한 거라고 말이다.

그렇게 놀고도 아쉬운가 보다. 집으로 돌아가는 길, 차 안에서 인상 깊었던 일을 한가지씩 이야기했다. 함께 결정해서 휴가를 보낸 만큼 가족 모두 즐겁다. 조금 늦긴 했지만 알찬 여름휴가를 보냈다.

여행 일정뿐만 아니라 여행지를 선택할 때도 아이들과 가족회의를 한다. 아이들이 가고 싶어 하는 장소를 이야기할 수도 있고, 엄마, 아빠가 제공하는 몇 가지 보기에서 결정할 수도 있다. 이번에는 엄마, 아빠가 선택지를 몇 개 말해주었고 그 안에서 아이들과 의논했다.

여행 계획과 일정도 함께 세웠으니 여행 내내 무엇을 할지 아이들도 이미 알고 있다. 하고 싶은 일이 있다고 떼를 쓰며 조를 필요가 없다. 가족 회의를 통해 아이들의 의견이 충분히 반영되었기 때문이다. 중간에 회의로 일정을 변경할 수도 있다. 엄마, 아빠 마음대로의 여행이 아니라 선택부터 결정까지 아이들이 함께 참여한 여행이라 그런지 만족도가 높다.

가족회의를 통해 자기 생각을 이야기하고 서로의 견해를 듣는다. 다른 사람의 의견을 수용하는 법도 배운다. 여러 생각이 합쳐져 더 좋은 방안이 생기기도 한다. 처음에는 쉽지 않겠지만 가족회의가 문화로 자리 잡으면 내가 원하는 것이 아니더라도 결정된 상황을 따르게 된다. 물론 익숙해지는 데는 연습과 시간이 필요하다.

간혹 엄마, 아빠와 아이들이 2대 2로 의견이 나뉘기도 한다. 그럴 땐 아이들끼리 협력해서 부모를 설득하기 위해 나름의 논리를 펼친다. 적당히 의견을 바꿔주기도 하고 중요하다 싶은 건 끝까지 고수하기도 한다.

가족회의를 통해 민주주의의 원칙을 자연스럽게 익힌다. 시행착오를 겪으며 결정을 수정해 나가기도 한다. 생각을 정리해서 말하는 연습이 되고, 그 과정에서 올바른 의사소통 방법도 배운다.

가족회의가 우리 가족의 문화가 되고 나서 아이들은 가족의 일을 엄마, 아빠에게 미루지 않는다. 같이 의논했고 자신의 의견을 제시했다. 엄마, 아빠가 식탁에 앉아 이야기하고 있으면 어느 순간 우리 곁으로 와서 각자의 생각을 말한다. 자연스럽게 함께 의논하고 방법을 찾았다.

가족의 생각과 마음을 알게 되어 좋다는 후, 우리가 선택한 일들이니 힘들어도 참고 할 수 있다는 서이, 가족회의 정착을 위해 싫어하는 일마저 기꺼이 양보해 준 신랑. 가족회의가 이렇게 자리 잡을 수 있었던 건 우리 가족 모두의 노력 덕분이다.

함께 결정한 일을 참고 실행하며 말의 무게와 책임감을 배워 나간다. 회의할 때마다 가족 모두 한 뼘씩 성장한다. 가족과 함께 쌓은 작은 경험들이 모여 아이들 마음속에 커다란 산이 되어주리라 믿는다.

가족회의 이렇게 해보세요

민주적인 가족 분위기에서 아이들의 의견에 귀 기울이는 부모라고 생각했다. 후가 엄마, 아빠 마음대로 한다고 말할 때마다 이만한 부모가 어디 있느냐고 아이 탓을 했다. 뒤늦게 아이의 심리검사를 통해 무언가 잘못되었다는 걸 알게 되었다.

이유를 곰곰이 생각해 본다. 아이들의 의견을 묻기만 하고 결정은 부모가 했으니 그렇게 생각했을 수도 있었겠다. 의사결정과정에 아이들을 참여시키기로 했다. 아이들에게 생각이 받아들여지는 경험을 만들어 주고 싶었다. 소중한 너희들의 의견을 경청하고 존중하고 있다는 것을 보여주길 바랐다. 경청과 수용의 경험이 쌓일수록 아이들의 자존감도 높아질 테니. 높은 자존감은 부모가 아이에게 줄 수 있는 최고의 선물이 아닐까.

아이의 생각을 편하게 말할 수 있는 분위기에서 회의의 형식과 원칙을 갖추기 시작했다.

아이들에게 가족회의 절차를 설명했을 때 반응이 폭발적이었다. 본인들이 결정할 수 있다고 하니 얼마나 신나겠는가! 하지만 그 과정은 순탄치 않았다. 의견이 채택되지 않았다고 울기도 하고 회의 결과를 따르지 않는 경우도 생겼다. 웃으며 시작했어도 아이의 울음, 아빠의 호통으로 마무리되었다. 포기하지 않고 꾸준히 방법을 찾았고, 몇 번의 시행착오도 겪었다. 가족 모두의 노력이 필요했다. 이제는 형식을 갖추지 않더라도 즉석 가족회의도 가능하다.

가족회의가 올바른 문화로 자리 잡기 위해서는 세 가지 사항을 유념할 필요가 있다.

1. 쉬운 주제로 시작하는 것이 좋다

처음부터 어려운 주제를 고르면 안 된다. 가족회의가 '재미있다, 즐겁다'고 느껴야 아이들이 적극적으로 참여할 수 있다. 우리 가족 첫 회의 주제는 가족 버킷리스트였다. 1년 동안 가족과 함께하고 싶은 일을 정하는 시간이니 원하는 것 중 딱 하나만 고를 필요가 없었다. 하고 싶은 것 마음껏 이야기할 수 있고, 그중에서 가족 전체가 동의하는 게 선택되니 모두에게 만족스러운 주제였다.

회의를 처음 시작하거나 어린아이가 있으면 몇 가지 정해진 선택지에서 결정할 수 있는 주제도 좋다. 부모도 해줄 수 있는 것 내에서 고르면 되니 부담스럽지 않고, 가족회의가 익숙하지 않더라도 회의를 진행할 수 있다.

회의 주제가 거창할 필요 없다. 가족과 주말 저녁에 하고 싶은 일일 수도 있고 집에서 지켜야 할 규칙, 하고 싶은 보드게임일 수도 있겠다. 처음에는 가벼운 주제로 자주 경험해 보는 것이 좋다. 절차와 방법에 점차 익숙해지면 다양한 문제를 해결하는 데 활용할 수 있다.

2. 가족회의를 통해 아이들의 의견이 받아들여지는 긍정적인 경험을 제공할 필요가 있다

좋은 기억이 많아질수록 또 하고 싶어진다. 회의에 대한 긍정적인 경험이 쌓여야 내 의견이 선택되지 않았을 때도 그 결정을 따를 수 있다.

우리 아이들은 가족회의를 통해 자유의 날을 획득했다. 엄마, 아빠가 아무런 간섭을 하지 않는 완전한 자유의 날을! 새벽부터 일어나 핸드폰을 마음껏 해도 엄마의 잔소리 폭격이 날아오지 않는다. 눈치 볼 일도 없다. 오락하다가, 유튜브 보다가 밥 먹으라는 소리에 밥만 먹으면 된다. 영화 속 한 장면처럼 "Freedom!"을 외치며 새벽부터 일어나 자유를 누린다. 두 아이가 똘똘 뭉쳐 만들어 낸 결과다.

강아지를 싫어하는 아빠를 설득해 며칠 집에서 함께 지낼 수 있었던 것도 가족회의를 통해서였다. 떼쓰지 않고 자기 생각을 정리해서 주장하는 것이 오히려 더 나은 결과를 가지고 온다는 걸 경험으로 알았다. 초반에 아이들에게 긍정적인 경험을 선물로 주었더니 가족회의를 좋아하게 되었다.

이때 부모의 역할이 중요하다. 매번 부모의 의견으로만 결정되지 않도록, 그렇다고 아이 의견만 선택되지 않도록 적절한 조절이 필요하다. 우리 부부는 중요하지 않은 일은 적당히 아이들의 의견으로 엄마, 아빠의 표를 줬다. 그래야 중요한 순간에 제힘을 발휘할 수 있으니.

3. 의견을 편하게 말할 수 있는 분위기를 만들어 준다

회의에서 나온 의견을 절대 비난하거나 조롱하지 않았다. 엄마, 아빠의 의견이 옳다고 몰아가지도 않았다. 실현할 수 있는 일이 아니더라도 그게 말이 되냐는 핀잔 대신 엄마의 걱정을 말하고 아이의 생각을 물었다.

도중에 말을 자른다거나 언성이 높아져서도 안 된다. 무슨 말이든 할 수 있는 편안한 분위기를 항상 염두에 두어야 한다. 의견을 말하는 아이에게 잘하고 있다는 격려도 잊지 않는다.

가족 규칙을 만들 때, 여행지를 고를 때, 버킷리스트를 정할 때 우리는 가족회의를 한다. 아이와 의견 충돌이 있을 때도 엄마나 아빠의 생각을 고집하지 않고 다른 가족의 의견을 듣는다. 물론 살면서 꼭 지켜야 하는 원칙과 도덕규범은 회의에서 논할 게 아니다. 그건 아이들에게 꼭 알려주어야 한다.

이제는 형식을 갖추지 않아도 간편식 가족회의가 진행된다. 저녁 메뉴를 정할 때 서로의 의견이 다르면 각자 먹고 싶은 걸 이야기하고 이유를 간단히 설명한다. 다른 사람의 말을 듣고 자신의 의견을 바꿀 수도 있다. 거수를 통해 더 많은 표를 얻는 게 오늘의 메뉴가 된다. 불평하지 않는다. 지금 내가 받아들여야 다른 사람도 앞으로 회의 결과를 따를 테니. 2대 2가 되면 가위바위보로 결정하기도 한다. 그렇게 긴장되는 가위바위보도 없다.

"엄마 나빠!", "엄마, 아빠 마음대로만 해!"라는 아이의 외침에서 시작된 가족회의였다. 아이의 말을 지나치지 않았고, 의사결정에 참여시켰더니 아이의 자존감도 높아졌다. 이제는 죄송하다는 말 대신 엄마, 아빠에게 감사의 마음을, 우리 가족의 단단한 가족애를 편지로 쓴다. 겉으로는 말랑해 보이지만 속은 질기고 *끈끈하기*에 우리 가족이 떡 같다는 후. 후의 표현처럼 가족은 서로의 이야기에 귀 기울일수록 더욱 *끈끈하고* 단단해진다.

아이와 함께 성장하는 엄마

"엄마, 나 부회장 됐어!"

태권도에서 돌아온 후의 목소리가 상기되어 있다. 아이들 저녁 준비하느라 분주했던 손길을 멈추고 후 눈을 바라본다. 부회장이라니! 달려가 아이를 힘껏 안아주었다. 방방 뛰며 축하해 주는 엄마를 보며 후가 쑥스럽게 웃는다. 그러거나 말거나 엄마는 신이 났다.

남들이 보면 전교 부회장이라도 된 줄 알겠다. 전교 회장만큼이나 대견하고 반가운 소식이다. 2학년 때 학교 적응이 힘들고 친구들과 갈등이 있었던 아들이다. 엄마가 아이를 잘못 이해하고 있었기에 아이에게 맞지 않은 육아로 아이도 엄마도 힘든 시간을 보냈다. 그랬던 아들이 4학년 1학기에 학급 부회장이 된 것이다. 회장 선거에 나간 것도 기특하고 친구들이 뽑아준 것도 고마웠다.

아이는 점차 안정되어 가고 있었다. 선생님과 친구 엄마들에게 더 이상 전화가 없었고 집에서도 아이의 얼굴이 편안해 보였다. 부회장까지 된 걸 보니 이제 친구들과의 관계도 문제가 없나 보다. 지금까지의 노력이 스쳐 지나갔다. 아이의 마음을 알 길이 없어 답답했던 순간, 근무하다가 아이 전화에 눈물이 울컥 솟아올라 화장실로 뛰어갔던 일, 잘하고 있다고 자신했지만 생각과는 다른 현실에 온몸을 휘감던 좌절감.

　이 모든 것이 아이 때문이라고 생각했다. 원래 육아는 이렇게 힘든 거라고 그럴듯한 핑계를 대기도 했다. 하지만 결국 나의 문제였다. 아이는 자기 모습 그대로 그 자리에 있었을 뿐이었는데. 나의 실수를 인정하고 아이를 바라보기 시작했더니 할 수 있는 일들이 떠올랐다. 엄마의 노력을 알았는지 아이도 잘 따라 주었다. 이제는 죄송하다는 말 대신 특별한 이유 없이 편지로 마음을 전한다. 힘든 일이 있으면 믿고 기대라 말하는 아들. 묵묵히 엄마, 아빠의 힘든 일을 들어주겠다고 한다. 어느새 자기에게 의지하라고 할 만큼 마음이 크고 단단해진 모양이다. 엄마의 고민에 귀 기울이고 조언도 아끼지 않는다. 아이의 성장이 고맙다.

　서이의 생일을 축하하기 위해 여행을 갔다. 저녁을 먹은 서이가 주섬주섬 종이가방을 꺼낸다. 작은 상자 하나와 편지가 들어있다. 아빠와 같이 열어보라는 말에 신랑과 나란히 상자를 잡는다. 하나, 둘, 셋 구호에 맞춰 상자를 여는 순간 무언가 폭죽처럼 사방으로 흩날린다. 눈앞에 펼쳐진 건 만 원짜리 지폐들이다. 놀란 눈으로 서이를 바라보니 아이가 세상을 다 가진 듯 환하게 웃고 있다. 종이 가방 안에 있는 편지에 아이의 마음이 담겨 있었다.

'나를 낳아주셔서 감사합니다. 이번 생일에는 내가 축하받을 게 아니라 낳아주신 부모님께 감사해야 한다는 생각이 들어서 이렇게 이벤트를 준비했어요. 날 낳아주셔서 감사하고, 항상 사랑하고, 존경합니다.'

아이가 몇 달 전부터 준비한 이벤트다. 그동안 아이패드를 산다고 간식도 사 먹지 않고 용돈을 모으더니 오늘을 위한 준비였나보다.

그 순간 서이를 만나기 위한 과정이 주마등처럼 지나갔다. 처음 불임 클리닉에 들어섰을 때 느꼈던 낯선 두려움, 인공수정이 실패할 때마다 흘렸던 눈물, 시험관 과정에서 몸이 변해갈 때 찾아온 깊은 우울감, 고위험 산모실에 누워서 아이를 지키려 사투를 벌이던 임신기간, 배 속 아이의 심박수가 떨어져 급하게 수술을 결정했던 절박한 순간까지! 한 걸음 한 걸음이 선택의 연속이었다. 결정한 후에도 내가 잘한 걸까 의심했고 걱정했다.

그 당시에는 몰랐지만 결국 나는 옳은 선택을 했다. 13년이 지난 오늘 생일을 축하받을 생각보다 자신을 낳고 키우느라 고생했을 아빠, 엄마를 생각하는 딸을 만났으니 말이다. 수많았던 선택의 끝에 이렇게 아이와 함께하고 있다는 사실에 눈물이 왈칵 쏟아졌다.

나는 오늘도 매 순간 선택을 한다. 선택하지 않은 것에 대한 미련과 선택한 것에 대한 후회로 마음이 괴로울 때도 있다. 살다 보니 지금은 못난 오리 같아 보이는 선택이 시간이 지나 빛나는 백조가 되어 있곤 했다. 인생은 현재만 보고 쉽게 판단할 수 없다는 걸 조금씩 배워간다.

아이를 낳고 키우면서 얼마나 많은 선택의 순간들이 있었던가. 그때마다 주변에서는 우리의 선택을 걱정했고 그 선택이 옳지 않다고 말하는 이도 있었다. 하지만 나는 옳은 선택을 했고 이렇게 아이들과 행복한 순간을 누리고 있다. 지금 내가 하는 선택도 나와 우리 가족을 위한 최선의 선택이라 믿는다. 그렇게 만들어 갈 힘도 나에게 있다는 것을 이제는 안다. 돌아보니 나를 믿어주지 못했던 건, 누구보다도 나 자신이었다.

아이 탓, 세상 탓을 하던 엄마가 스스로를 돌아보기 시작했다. 문제의 원인도 그 해결책도 나에게 있다는 걸 깨닫는 순간 내가 할 수 있는 일이 보였다. 가족을 변화시키기 위한 도전이었는데 그 선택을 통해 엄마가 성장하고 있다. 엄마가 바뀌니 아이들도 조금씩 변해갔다. 6시에 일어나 새벽바람 맞으며 엄마와 함께 달리기로 하루를 시작하기도 하고, 가족과 해낼 버킷리스트를 만들어 목표를 하나씩 이루어 간다. 엄마가 한 걸음씩 앞으로 나갈수록 아이들도 엄마를 믿고 그 길을 따라온다. 마라톤에서 앞장선 엄마의 속도에 맞추어 쉬지 않고 달려오던 아이들의 모습이 떠오른다. 성장을 위한 노력을 멈출 수 없고, 주저앉을 수 없는 이유다.

새벽 6시, 아이를 깨우러 방으로 들어간다. 세상모르고 곤히 자다가 일어나라는 한마디에 눈도 못 뜬 채로 자리에 앉는다. 엄마, 아빠의 성장을 응원하고 있다는 걸 '함께'라는 행동으로 보여준다. 내가 주는 사랑보다 더 많은 사랑을 주는 선물 같은 아이들. 혼자라면 몰랐을 삶의 지혜와 사랑을 아이들 덕분에 배운다.

오늘도 아이들과 함께 엄마로서, 나로서 성장하고 있다. 아이들이 있어 힘들어도 달린다. 넘어져도 일어설 방법을 찾는다. 혼자가 아닌 함께이기에 서로 의지하며 더 멀리 걸어간다. 나를 성장하게 하는 힘, 바로 아이들이다.

제
4
장

실수하는 엄마를 위한 응원

: 완벽하지 않아도 괜찮아

엄마는 잘하고 있는데 뭐가 문제니?

친구들은 종종 아이와의 갈등 상황에 대해 상담을 해왔다. 그럴 때마다 해결 방법을 같이 고민했다. 고래고래 소리치던 사춘기 아들도 엄마가 먼저 힘들었겠다며 아이 마음에 공감해 주면 눈물을 흘리며 엄마에게 속마음을 말했다. 아이의 행동에 화가 났던 엄마도 그 눈물을 보고 비로소 아이의 마음을 보기 시작했다.

아이와 갈등 상황이 생기면 엄마는 감정에 치우쳐 상황을 객관적으로 바라보기 힘들다. 친구의 이야기를 전해 듣는 나와 문제에 접근하는 방법이 같을 수 없다. 그러니 해결 방법도 다르다. 아들과 관계가 회복되어 고맙다는 친구 이야기를 들으며 뿌듯했다.

나는 남들이 부러워하는 좋은 엄마라고 생각했다. 친구들의 고민도 곧잘 해결해 주고, 학교에서도 학생들과 소통하며 학급을 잘 운영했으니 말이다. 이런 엄마를 둔 너희들은 얼마나 좋겠냐, 복 받은 줄 알라고 생각했다.

얌전하고 고상하게 첫째 딸을 키우다가 아들을 키우자니 모든 게 쉽지 않았다. 살면서 죄송하다는 말 할 일 많지 않았다. 그러니 주변에서 오는 전화에 사과해야 하는 상황을 받아들이기 어려웠다. 나의 양육 방식은 첫째를 키우면서 증명되었으니 내 탓은 없는 것 같았다.

"엄마, 아빠가 이렇게 잘해주는데 도대체 뭐가 문제니?"

아이 탓만 했다. 그러니 너만 바뀌면 된다고 화살을 아이에게 돌렸다.

아이가 학교 적응에 힘들어하는데도 내가 보고 싶은 모습만 보았다. 나의 완벽함과 아이의 부족함만을 말이다. 아이의 심리검사를 진행하지 않았다면 여전히 나는 보고 싶은 것만 보고 있었을 거다.

심리검사와 함께 실시한 부모 양육 태도 검사 결과 나의 양육 태도에 일관성이 떨어졌다. 규칙을 정해 안정적으로 아이를 양육하고 있다는 내 생각과 완전히 달랐다. 학교에서는 잘 지켜지는 원칙을 집에서는 상황에 따라 이리저리 바꿔 적용했다. 그게 아이를 위한 일이라 여겼다. 그런 나의 행동이 오히려 불안한 아이를 더 자극하고 있었다. 나는 아들에게 좋은 엄마가 아니었다.

이참에 무엇이 잘못인지 정확히 알고 싶어 검사 결과지를 들고 집 근처 놀이치료 센터를 찾았다. 감기에 걸리면 병원에 가서 치료하듯이 마음이 힘들면 상담을 통해 아픈 마음을 어루만져 주는 게 필요하다. 내 모습을 내가 객관적으로 바라볼 수 없으니 전문가와 함께 원인과 해결책을 찾고 싶었다. 아이 미술 상담과 함께 부모 상담을 받았다.

　그날 아침에 있었던 아이와의 갈등 상황에 대해 상담사에게 말했다. 나는 이렇게 적절히 잘 대응했는데 아이의 반응은 내가 기대했던 것이 아니었다고 말했다. 전문가에게 아이 잘못이라는 말을 듣고 싶었던 모양이다. 상담사는 신랑에게 내가 아이를 설득하기 위해 말을 많이 하는 게 듣기 좋은지 물었다. 신랑은 고민도 하지 않고 그렇지 않다고 단호하게 답했다.

　머리를 한 대 맞은 느낌이었다. 아이에게 자세히 알려주기 위해 올라오는 감정을 애써 누르며 상황을 설명했다. 잘하고 있다고 생각했던 나의 행동이 실은 아이에게 부정적인 영향을 주고 있었다니. 서이에게는 적절한 양육 방식이었지만 후에게는 아이의 행동을 더 자극하고 있었다고 한다. 충격에 한동안 말을 못 하고 상담사와 신랑을 번갈아 쳐다보았다. 첫째에게 맞는 방법이 둘째에게는 독이 될 수도 있다는 걸 놓쳤다. 몇 번의 부모 상담으로 문제점을 찾아갔다.

　상담을 통해 찾은 방법을 현실에 적용했다. 말을 길게 하지 않았고, 정확한 행동 지침을 알려주었다. 원칙을 마음대로 바꿔 적용하지 않으려 애썼다. 부모가 변하기 시작하니 아이도 점차 안정되어 갔다. 고집을 부리는 모습을 보며 아이를 탓하던 내가 "후야, 늦어서 혼날까 봐 불안해서 그러니?" 하고 아이의 마음을 읽어주기 시작했다. 마음을 이해받은 아이는 눈에 들어간 힘을 빼고 엄마의 말에 부드럽게 반응했다. 불안한 감정이 꼭 나쁜 것만은 아니라고, 엄마도 불안이 높은 대신 여러 상황에 미리 준비할 수 있어 좋다고 말했다. 다음부터 더 일찍 준비하자는 말로 방법도 알려주었다. 아이도 고집을 피우기보다 불안한 자신의 감정을 말로 표현하기 시작했다.

친구들과의 갈등 상황도 줄었다. 선생님도 학교에서 아이의 변한 모습이 눈에 띈다고 말했다. 물론 TV에서 나오는 것처럼 드라마틱한 변화는 아니었지만 분명 조금씩 일상이 편해지고 있었다. 자신의 불안을 알아달라고 떼를 쓰는 대신 마음을 알아주는 엄마를 향해 웃어 주었다. 외출할 때 아이는 엄마 옆에 꼭 붙어 간다. 엄마 허리에 손을 감고, 엄마의 한 손을 자기 어깨에 올린다. 눈이 마주칠 때면 이유 없이 사랑한다고 말한다. 아이가 편안하고 행복해 보여 다행이다.

세상을 살면서 보고 싶은 것만 보며 살았다. 아이와의 경험이 없었다면 아직도 내 말이 맞다는 것을 증명하기 위해 애쓰고 있을지도 모르겠다. 그 아집으로 아이도 나도 힘든 시간을 보냈다. 내가 내 마음도 잘 모르는데 아이의 깊은 마음과 무궁무진한 세계를 어떻게 다 안다고 말할 수 있었을까. 부모라고 아이를 다 알 수는 없다. 다 안다고 착각해서도 안 될 일이다.

　엄마는 잘하고 있는데 도대체 뭐가 문제냐고? 그렇게 말하는 것 자체가 벌써 문제다. 완벽할 수 없는데 이미 나는 완벽한 엄마라고 선을 그어버렸으니 말이다. 그때는 왜 몰랐을까.

　아이를 키우면서 겸손해진다. 나를 먼저 돌아보게 된다. 점점 어른이 되어간다.

엄마의 실수를 반복하고 있었다

서이가 초등학교 6학년 때 일이다. 새벽에 일어나 보니 식탁 위에 아이 편지가 놓여 있었다. 어제 분명 침대에 누운 아이와 잘 자라는 인사를 하고 방문을 닫고 나왔다. 편지 쓸 시간이 없었는데 언제 썼을까. 의아해하며 봉투를 열었다.

서이는 종종 이렇게 편지로 마음을 전한다. 감사한 일, 행복한 일, 슬픈 일, 속상한 일이 있을 때 편지를 쓴다. 엄마, 아빠가 회식으로 늦는 날에는 현관문에 짧은 쪽지로 굿나이트 인사를 전하기도 한다. 식탁 위에 놓여 있는 편지를 보니 어젯밤 인사를 나누고 바로 잠들지 못하고 쓴 모양이다.

자기 전 아이는 머리가 아프다며 표정이 좋지 않았다. 단순히 몸살 기운이 올라온다고 생각했는데 편지를 읽어보니 몸이 아니라 마음이 아픈 거였다. 아이는 불편한 마음을 글로 표현했다. 서이는 수학 레벨테스트를 앞두고 있었다. 며칠 남지 않았음에도 제대로 준비하지 않는다는 생각에 아이의 불안을 자극하는 말을 했다. 아이를 책상으로 보내기 위한 가장 쉽고 빠른 방법이었기 때문이다.

어제저녁 내내 머리가 아팠던 이유도, 그렇게 표정이 좋지 않았던 이유도 결국 엄마의 말에서 시작된 거였다. 같이 시험을 보는 친구는 붙고 너는 떨어지면 어쩌냐, 시험 준비로 이게 충분하다고 생각하냐, 시험이 얼마 남지 않은 건 알고 있냐. 엄마의 잔소리 폭탄에 아이 표정이 점점 일그러졌다. 표정 변화를 보고 효과가 있었다며 내심 변한 아이 모습을 기대했다.

아이는 편지에 무섭다고 했다. 레벨테스트 결과를 보고 엄마가 실망할까 봐, 같이 시험 보는 친구는 붙고 자기는 떨어질까 봐, 시험 결과를 보고 본인에게 실망할까 봐. 나의 말 때문에 서이가 무서운 감정을 느꼈다. 불안한 마음이 몸으로 나타나 머리까지 아플 정도로.

이렇게 마음을 전달해 준 아이가 고마웠다. 아이에게 사과의 마음을 담아 답장을 쓰고 책상 위에 올려놓았다.

불안을 자극하는 말을 쓰면 즉각적인 반응이 온다. 엄마 말을 들은 아이는 왠지 하던 걸 계속하면 안 될 것 같은 불편한 마음이 든다. 그 말을 듣기 전처럼 하던 일에 집중할 수도 없다. 결국 엄마가 원하는 대로 행동한다. 불안한 마음 가득 안고서 말이다. 아이의 즉각적인 반응에 엄마는 또다시 아이의 불안을 자극하는 말을 쏟아 낸다. 아이의 불안이 쌓이고 쌓이면 결국 마음에 병이 오고 몸으로 나타난다. 어릴 적 내 모습이다. 나도 이유 모를 편두통을 달고 살았다.

인정하고 싶지 않지만, 나에게서 그때 엄마의 모습이 보였다. 생각해 보니 이 모습뿐만이 아니다. 내 아이들한테는 그러지 않겠다고 수없이 다짐했던 모습을 이미 아이들에게 하고 있었다. 아이가 말해 주지 않았다면 모르고 지나갔을 일이다. 편지를 읽으며 어릴 적 내가 느꼈던 불안했던 감정이 되살아났다. 어느 순간 엄마를 닮아 있었다.

엄마를 생각하면 희생이라는 단어가 함께 떠오른다. 엄마 자신은 없고 오직 우리가 전부인 삶을 살아왔다. 지금도 여전히 우리가 먼저다. 자식들이 엄마보다 더 나은 삶을 살기 바라는 마음에, 자식들은 당신이 겪은 서러움을 겪지 않았으면 좋겠다는 바람으로 엄마만의 성공 기준을 만들었다. 우리가 그 기준에 도달하지 못하면 불안을 자극했다. 그래야 더 열심히 공부해서 자식들이 행복한 삶을 살 수 있을 거라고 생각했다.

어린 내 눈에도 엄마의 희생이 눈물겨웠다. 엄마가 우리를 위해 희생하는 것만큼 엄마를 행복하게 만들어 주고 싶었다. 엄마가 하는 말에 즉각적인 반응을 보였다. 불안한 마음 한 아름 안고서 말이다. 엄마의 높은 기준을 충족시키기 위해 애썼고 실패할 때마다 나 자신이 부족하게만 느껴졌다. 엄마가 누리지 못하는 엄마의 인생을 내가 대신 채워줘야 할 것 같았다. 두 사람의 삶을 사려다 보니 힘겨웠다. 더 노력하지 않는 나 자신을 탓했다. 엄마를 만족시키는 건 쉽지 않았다. 턱없이 높은 기준에 나의 자존감은 점점 낮아졌다.

사회생활을 하면서 겪게 되는 여러 어려움을 낮은 자존감 탓이라고 여겼다. 그런 생각이 들 때마다 내 아이들만큼은 있는 그대로의 모습으로 사랑하겠노라고 다짐했다. 엄마와 같은 실수를 하지 않겠다고 말이다. 하지만 마음과는 다르게 아이가 써준 편지 속 나는 엄마를 닮아있었다. 내가 엄마가 되니 별반 차이가 없었다. 서이에게는 불안을 가중하는 방법으로, 후에게는 아이를 있는 그대로 바라보지 못하고 내가 원하는 모습으로 몰아세우면서 말이다. 내 기준만 봤고 아이들이 겪을 불안과 어려움을 보지 못했다.

엄마와 똑같은 실수를 하고 보니 알겠다. 엄마는 나를 있는 그대로 사랑하지 않은 게 아니다. 머리부터 발끝까지 나의 모든 것이 귀하고, 모든 것을 사랑했을 거다. 엄마보다 더 나은 삶을 살길 바라는 마음으로 엄마가 알고 있는 최선의 방법으로 우리를 키운 것뿐이다. 엄마도 엄마가 처음이었으니 어떤 방법이 최선이었을지 몰랐을 거다. 지금의 나처럼. 어린 나는 불안한 마음을 엄마에게 표현하지도 않았으니.

대학교 기숙사로 올라가기 전날, 집에서 보내는 마지막 밤을 엄마와 함께 잤다. 어디선가 흐느끼는 소리에 잠에서 깼다. 새벽녘 잠 못 들고 어린아이처럼 소리 내 울고 있는 엄마를 마주한다. 엄마는 서울로 떠나 보내는 딸이 벌써 그리워 아이처럼 울고 있었다. 왜 이제야 잊고 있던 이 장면이 생각난 걸까.

양희은의 〈엄마가 딸에게〉 노래를 듣고 있으면 나도 모르게 눈물이 흐른다.

'내가 좀 더 좋은 엄마가 되지 못했던 걸 용서해 줄 수 있겠니? 넌 나보다는 좋은 엄마가 되겠다고 약속해 주겠니.'

노래 가사가 마치 엄마가 내게 속삭이는 말 같기도 하고, 내가 딸에게 하고 싶을 말을 대신 해주고 있는 것 같기도 하다. 엄마에게 쌓여있던 섭섭한 마음이 점차 옅어진다. 섭섭함이 있던 자리에 엄마에 대한 감사 와 같은 실수를 반복하지 말자는 다짐을 함께 채워 넣는다.

아이의 마음이 보이기 시작했다

　육아 관련 프로그램을 종종 본다. 아이와의 일로 힘들어하는 부모님의 모습에 공감하고, 어려움을 겪고 있는 아이들의 마음을 이해하기도 한다. 영상을 보며 울기도 하고, 웃기도 하며, 때로는 반성도 한다. 프로그램 초반에는 문제 상황이 나오고 이후 그 원인을 찾아간다. 부모님의 양육 방식이 아이에게 적절하지 않거나 아이를 제대로 이해하지 못한 경우가 많다. 아이의 속마음 인터뷰를 통해 그제야 부모님은 아이의 마음을 알고 눈물을 훔친다. 고집을 부리던 아이도 잘하고 싶은데 마음대로 되지 않아 속상하다고 속마음을 드러낸다. 그 작은 아이들이 부모님에 대한 죄책감에 괴로워하기도 한다.

　부모도 엄마, 아빠가 처음이다. 내 아이지만 표현되지 않은 아이의 마음은 알 길이 없다. 아이를 키우며 다양한 일들을 경험하고 수많은 시행착오를 겪는다. 무엇이 아이를 위한 옳은 길인지 지나고 나서야 알게 되기도 한다. 결국 서로의 마음을 터놓고 이야기하는 것이 아이의 어려움을 해결하는 가장 좋은 방법이다.

　오랫동안 기억에 남는 아이가 있다. 아이는 부모님의 사랑 자체를 의심했다. 엄마가 나를 싫어해서 버려질 수도 있다는 불안이 아이의 문제 행동을 키우고 있었다. 부모는 아이의 우주이다. 나의 우주에 대한 의심은 나의 존재 자체에 대해 의심하게 만들고, 나의 뿌리를 흔들리게 한다. 꼬리에 꼬리를 문 생각은 아이를 더욱 불안하게 만들었다. 아이는 그 불안을 이겨내기 위해 더 거칠게 행동했고 부모의 반응을 통해 사랑을 확인받고 싶어 했다.

　불안해하는 TV 속 아이를 보며 갑자기 후와의 일이 떠올랐다. 후가 7세가 되던 해 한자 인증 시험을 보기로 했다. 시험을 보면 사주기로 한 장난감이 받고 싶었는지 누나를 따라 시험을 보겠다는 후의 고집을 꺾을 수 없었다. 그런 아들이 대견했다. 주변 사람들의 칭찬에 으쓱하는 마음도 있었을 거다. 지금 생각해 보니 후의 의지보다는 엄마의 욕심이 더 컸다. 결국 시험공부는 하지 않고 장난감만 받으려는 후와 실랑이가 벌어졌다. 공부를 시키려는 엄마와 도망 다니기 바쁜 후가 팽팽하게 맞선 가운데 후가 이 한마디를 툭 내뱉었다.

　"엄마, 지금 다른 아들 키우고 싶지?"

　한자 공부를 하자는데 생뚱맞은 아들의 말이 황당했다. 이미 아이의 행동에 화가 나 있었으니 그 말을 내뱉은 아이의 마음을 제대로 보지 못했다. 너는 다른 엄마가 있었으면 좋겠냐고 맞받아쳤다. 7세 어린아이처럼 똑같이 행동했다.

지금 생각하면 7세는 마냥 어린아이이지만 그 당시에는 다 큰 것처럼 느껴졌다. 이제 어린이집도 졸업하고 유치원을 다니는 큰 형님으로 말이다. 대수롭지 않게 넘긴 그 말이 왜 TV 속 아이를 보면서 생각났는지 모르겠다. 그때는 어린아이 입에서 그런 말이 터져 나온 이유에 대해 깊이 고민해 보지 않았다. 갑자기 그 장면이 떠오른 걸 보니 마음속 어딘가에 불편하고 미안한 기억으로 남아있었으리라.

후도 엄마의 사랑에 대한 의심이 있었나 보다. 엄마가 나를 온전히 사랑한다는 믿음이 부족했을까. 그래서 그렇게 불안했었나. 아이의 심리검사 결과가 떠올랐다. 어쩌면 연년생 육아에 지쳐 제대로 보려고 하지 않았던 것일 수도 있겠다.

자는 아이 얼굴을 한참 바라본다. 화면 속 힘들어하는 아이의 모습이 후의 얼굴에 겹쳐 보인다. 괜히 코끝이 찡해지고 눈시울이 뜨거워진다. 충분히 사랑을 주고 있다고 생각했는데 아이에게는 아니었을 수도 있었겠다. 잘못된 표현 방식으로 아이가 엄마의 사랑을 충분히 느끼지 못했을 수도 있겠다는 생각이 드니 한쪽 가슴이 아렸다.

자는 아이를 온 힘을 다해 꼭 안아준다. 아이는 두 팔을 벌려 아무 조건 없이 세상 편안한 얼굴로 엄마 품에 안긴다. 잠에서 막 깬 후에게 엄마가 어떤 행동을 할 때 사랑받고 있다는 생각이 드는지 묻는다.

"혼날 때 빼고 다!"

너를 사랑하지 않은 적이 없다. 혼날 때마저도!

엄마가 다른 아들을 바랄지도 모른다는 말을 했을 때 아이의 마음이 이제야 보인다. 보이는 행동만 보고 화를 냈다. 아이가 그런 행동을 하게 된 이유는 외면한 채. 어린아이가 자신의 마음을 말로 온전히 표현하기란 쉽지 않다. 어른인 나도 내 마음을 말로 설명하기 힘들 때가 많지 않은가. 답답한 마음에 그런 고집과 행동이 나왔을 텐데 나는 왜 제대로 표현하지 않고 짜증을 부리냐고 화만 냈다. TV 속 그 아이가 안쓰럽다고 생각했는데 이제 보니 바로 옆에서 내 아이도 힘든 시간을 보냈겠구나.

가족의 사랑은 아이가 세상을 살아갈 힘이 된다. 아이의 우주가 흔들리지 않도록 그 마음 충분히 표현해야겠다. 사랑은 표현할 때 더 큰 울림으로 돌아온다.

마음을 알아주기 시작하자 아이들도 엄마의 마음을 봐주기 시작했다. 엄마가 힘들까 봐 집 청소를 해 놓고, 재활용을 버린다. 번거롭고 하기 싫은 일이지만 엄마가 좋아할 모습을 상상하며 집 안을 정리한다. 집 청소하는 모습을 영상으로 찍어 보내기도 한다. 피곤한 오후 아이들이 보내 준 영상 보며 힘내서 일을 마무리한다.

벽면에 플랜카드를 붙이고 이벤트도 준비한다. 방학맞이 이벤트도 받아봤고, 아빠 시험 응원, 스승의 날, 생일, 어버이날은 물론 이유 없이 "그냥, 엄마가 힘들어 보여서." 마련한 이벤트와 마사지도 받았다. 엄마, 아빠를 사랑하는 마음을 말과 행동으로 표현해 주는 아이들이다. 그래, 사랑은 이렇게 표현해야 하는데. 아이들을 보며 배운다.

후의 미술 상담이 진행되는 동안 아이는 가족에 대해 강한 사랑과 애정을 표현했다. 그 마음 하나로 아이를 위한 일이라면 무슨 일이라도 하겠다는 힘이 생겼다. 나의 잘못을 받아들이고 바뀌어야겠다는 결심까지 말이다.

이제야 엄마, 아빠를 향한 아이들 마음이 보이기 시작했다. 그 마음에 응답하는 엄마가 되고 싶다.

4

내가 항상 옳은 건 아니야

엄마가 되었다. 그렇게 바라던 일이었건만 현실은 녹록지 않았다. 모든 일이 낯설었다. 젖먹이도, 학부모가 된 것도 처음이다. 책으로 미리 공부했다지만 모든 상황을 준비할 수는 없었다. 첫째를 키워봤으니, 둘째는 수월할 거라 착각했다. 오히려 나의 오만함이 아이를 힘들게 했다.

최선을 다했지만, 엄마로서 느끼는 무게와 책임감에서 벗어날 수 없었다. 잘하는 것보다 부족한 부분이 더 커 보였고, 뒤돌아서 눈물 흘리기도 했다. 나만의 기준을 만들어 아이를 그 틀에 맞추기 위해 애썼다. 화도 내고, 혼도 내보고, 타일러 봐도 아이는 내 뜻대로 되지 않았다. 아이를 몰아세우면서도 불안했다. 잘 키우기 위해 발버둥 쳤지만 그러면 그럴수록 아이가 힘들어했다.

우연히 싸이월드를 보다가 아직 뱃속으로 찾아오지도 않은 아이에게 쓴 편지를 읽었다. 인공수정을 하고 결과를 기다리다가 갑자기 밀려오는 간절한 마음을 담아 아기천사에게 썼던 편지. 다시 편지를 읽어보니 내가 바라던 '엄마'는 지금의 내 모습과 달랐다. 그저 건강하게 엄마 옆에 와주기만 하면 더 이상 바랄 게 없다던 그때의 나는 어디로 갔을까.

내가 바뀌어야 한다는 걸 인정했다. 아이들과 함께 의논하고 해결 방법을 찾으면서 무거웠던 책임감을 나누었다. 그게 가족 간의 대화였고 가족회의였다. 소통을 통해 마음을 억누르던 부담감에서 조금씩 벗어날 수 있었다. 나도 아이도 편안해지기 시작했다.

이제는 끙끙 앓으며 혼자서 해결하려 하지 않는다. 무엇이든 의논하고 함께 방법을 찾아간다. 아이들도 엄마가 하라는 대로 하는 것이 아니라 스스로 할 수 있는 일을 생각한다. 자신들이 한 말에 책임을 지기 시작했다. 그저 아이들의 이야기에 귀 기울이고 함께 결정했을 뿐이다.

퇴근길 관리비 명세서를 보고 멈칫했다. 지난달보다 거의 2배가 더 나왔다. 겨울철 난방비도 있었지만, 다른 가구에 비해서도 관리비가 많다. 급탕비가 문제였다.

저녁을 먹은 후 가족회의를 소집해서 문제를 공유했다. 엄마가 샤워할 때 유튜브 영상을 보기 시작한 이후로 아이들도 씻을 때 노래나 영상을 틀어놓았다. 영상에 빠져 샤워 시간이 점점 길어지고 있었다. 문제점을 찾았으니 해결 방법도 논의한다. 핸드폰을 들고 들어가지 말자는 의견이 나왔다. 샤워할 때 꼭 노래를 듣고 싶다는 아빠의 의견에 따라 서로 만족할 수 있는 합의점을 찾아간다. 영상은 틀지 않고 노래만 듣기로 하고 가족회의를 마무리했다. 해 보고 문제가 생기거나 새로운 의견이 있으면 누구든 가족회의를 다시 열 수 있다. 아이들이 정한 방법이다 보니 실랑이를 벌일 필요가 없다. 엄마 잔소리도 줄어든다. "가족회의에서 그렇게 하기로 했다. 필요하면 다시 가족회의를 하자."는 이 한마디면 된다.

의견이 다를 때도 가족회의를 연다. 아이가 원하는 게임 시간과 엄마의 생각이 달라도 바로 가족회의 소집이다. 아이들의 생각을 충분히 듣는다. 게임을 좋아하는 아빠는 아이들의 입장이 이해되나보다. 아빠의 중재에 엄마도 자기 생각을 고집하지 않는다. 내가 이해할 수 없다고 상대방의 생각이 잘못된 것은 아니니. 아이도 100퍼센트 만족할 순 없지만 적당히 결과를 받아들인다. 서로 양보해야 합의점을 찾아갈 수 있다는 것을 아이도 경험으로 알고 있다.

가족회의를 하지 않고 아이와 이야기했다면 서로의 입장차로 감정이 상한 채로 마무리되었을 수도 있다. 게임을 좋아하지 않는 나는 아들을 이해할 수 없었을 테고, 엄마의 의견만 강요한다고 생각한 아이는 입을 닫아버릴 수도 있으니 말이다.

존스 홉킨스 소아정신과 의사인 지나영 교수의 일화가 인상적이다. 아이를 갖기 위해 노력했지만 아이가 찾아오지 않아 고민이던 지나영 교수. 어머니에게 아이 낳으면 잘 키울 자신 있는데 왜 그런 기회가 오지 않는지 모르겠다며 하소연했다.

"아이는 잘 키우려고 낳는 게 아니라 사랑해 주려고 낳는 거야."

　지나영 교수 어머니의 말씀을 듣는 순간 두 눈이 뜨거워졌다. 아이를 간절히 바랄 때 내가 생각하는 모습도 딱 그랬다. 그저 건강하게 이 세상에 와주기만 하면 더 이상 바랄 게 없다고 말이다. 그 마음은 어딘가로 사라지고, 욕심과 기대가 그 자리를 차지하고 있었다.
　사랑받기 위해 이 세상에 태어난 아이들. 아이는 그 모습 그대로 부모에게 충분히 사랑받으면 될 일이다. 엄마가 옳다고 생각하는 기준을 맞추지 못해 스스로 죄책감을 가질 필요 없이 말이다.

　아이 문제에 있어서 내가 옳다고 생각했다. 엄마 말을 듣지 않으면 아이 잘못이라고 몰아세웠다. 아이는 자신의 감정을 애써 부정하며 죄책감이라는 벽을 쌓아갔다. 그 벽이 쌓이고 쌓여 마음의 문을 닫고 있는 줄도 몰랐다. 벽을 보고 대화한다고 느낀 적 있는가. 아이도 엄마와 대화할 때 벽과 이야기하는 느낌이었을 거다. 이미 내가 옳다고 단정 짓고 아이와 대화를 시작했으니.
　항상 옳은 선택을 하며 살아오지 않았다. 선택 후에 얼마나 많은 후회를 하며 살았던가. 그럼에도 불구하고 아이 문제는 어떻게 내가 옳다고 그리 자만했을까. 엄마가 먼저 들을 준비가 되니 아이도 자기 생각을 말하기 시작했다. 함께 방법을 찾아보자는 말에 아이는 더 이상 떼쓰지 않는다. 지금까지의 경험으로 엄마에 대한 신뢰가 쌓인 건지도 모르겠다.

내가 항상 옳지 않다는 걸 인정했다. 인정하는 것만으로도 쌓였던 벽이 허물어지고 마음의 문이 열렸다. 열린 마음으로 아이의 말에 귀를 기울인다. 서로를 바라보는 눈빛이 겨울바람처럼 매섭지 않고 봄날의 햇살처럼 따뜻하다.

엄마의 말이 변했어요

"'넌 할 수 있어.'라고 말해 주세요. 그럼 우리는 무엇이든 할 수 있지요.

짜증 나고 힘든 일도 신나게 할 수 있는 꿈이 크고 마음이 자라는 말, 넌 할 수 있어!"

좋아하는 동요다. 아이들도 교실에서 이 노래를 부를 때면 어깨가 절로 들썩거린다. 얼굴에 꽃이 핀 것처럼 표정도 환하다. 할 수 있다는 응원의 말 한마디면 노래 가사처럼 짜증 나고 힘든 일도 신나게 할 수 있다. 없던 힘도 끌어모아 내가 할 수 있는 최선을 다하게 만든다. 아이들은 신나는 이 말을 자주 듣고 지낼까?

2016년도에 방영된 EBS〈가족 쇼크 – 부모로 살아간다는 것〉에서는 초등학교 저학년 학생들부터 중학생까지 부모님에게 자주 듣는 말이 무엇인지 조사했다. 저학년 아이들은 '사랑한다, 최고'라는 말을 적었다. 그 나이 아이들은 고민이 생기면 부모님에게 바로 상의한다고 답했다.

학년이 올라갈수록 자주 듣는 말은 '공부해라, 책 읽어라'였다. 고민 상담뿐만 아니라 거의 대화하지 않는다는 아이들도 있었다. 대화 시간도 줄었지만 대화 자체를 아이들이 원하지 않았다. 부모의 말 대부분을 잔소리라고 느꼈기 때문이다.

학업이 중요해지면서 서로에게 주고받던 마음의 말 대신 성과를 확인하는 날 선 말들이 오갔다. 부모는 조언과 충고를 이유로 아이들의 능력을 의심하기도 했다. 자신의 불안과 조급함을 그대로 아이들에게 전달하고 있었다. 지금 뛰지 않으면 나중에 포기라도 하게 될까 봐 아이를 감시하고, 부모 말을 따르라고 강요했다.

다큐멘터리를 통해 내가 자주 하는 말은 무엇인지, 아이들에게 어떤 엄마인지 차분히 돌아봤다. 생각해 보니 퇴근하고 아이에게 하는 첫 마디가 숙제 확인이었다. 다큐멘터리 속 부모가 딱 나였다. 사랑을 표현한다고 했는데 아이들이 충분하지 않다고 생각했던 이유가 이거였나보다. 마음보다 행동 지시를 위한 대화가 더 많았으니 말이다.

데일 카네기의 『인간관계론』에서는 사람들에게 최선을 끌어내는 방법은 인정과 격려라고 했다. 책에서 소개된 일화에서는 아내가 남편에게 자신의 고칠 점 6가지를 적어달라고 말한다. 남편은 아내가 요구한 대답 대신 지금 그대로의 모습을 사랑한다고 적었다. 상대에게 더 많은 것을 바라지 않고 존재 자체를 인정한 남편의 현명함에 감탄이 절로 나왔다.

누군가의 최선을 끌어낼 방법은 걱정과 불안을 자극하는 것이 아니라 그 사람을 향한 진심 어린 인정이다. 불안을 자극해서 원하는 행동을 끌어낼 수는 있지만 그게 그 사람의 최선일 리 없다. 해와 바람의 이야기처럼 따뜻한 말로 마음을 움직이는 것이 진짜 변화를 만든다.

아이를 인정하고 믿어주는 것, 그 시작은 엄마의 말이다. 엄마의 말은 강력한 힘이 있다. 어린아이는 세상을 직접 겪어 보지 않았기에 엄마 말을 그대로 믿는다. 엄마의 시선으로 세상과 자기 자신을 바라본다. 그게 진실이든 거짓이든 중요하지 않다.

방송인 이금희의 강연에서 나온 한 사례다. 아들이 잘생겼다는 지인의 말에 엄마는 겸손의 말로 뭐가 잘 생겼냐, 손사래를 쳤다. 아들은 이 한마디로 평생 외모 콤플렉스에 시달리게 되었다. 나도 비슷한 경험이 있다. 엄마는 내가 키가 작아서 일반 회사에는 취직을 못 할 테니 공무원 하는 게 좋겠다고 말했다. 지금은 엄마가 기억하지도 못하는 이 말로 키 이야기만 나오면 주눅이 들었다. 아이러니하게도 진짜 공무원이 되었다. 무심코 던진 엄마의 말이 나의 무의식에 자리 잡고 끊임없이 영향을 끼쳤으리라. 말 한마디가 이렇게나 강력하다.

부모 상담 후, 내가 먼저 변해야겠다고 마음먹었다. 변화의 시작이 엄마의 말이었다. 불안이 높은 아이를 위해 마음을 알아주고 엄마의 마음을 표현했다. 표현하고자 마음먹으니 하고 싶은 말이 많았다.

"엄마 딸, 아들로 태어나줘서 고마워!"

"청소를 해준 것도 고맙고, 엄마를 생각해 주는 그 마음도 감동이야."

"너희들이 마사지해 주니깐 온몸이 녹는 것 같아. 마음까지 따뜻해져."

자기 전 인사할 때, 손잡고 걸어갈 때, 엄마를 위해 집안일을 도와주었을 때, 엄마 밥이 맛있다고 말해줄 때 아이들에게 고맙다는 말과 함께 내 마음을 전했다. 작은 노력이라도 인정해 주었고, 덕분에 엄마가 행복해졌다고 감사를 표했다.

처음엔 쑥스러워하던 아이들이 점점 그 말들을 따라 하기 시작했다. 정신없이 출근 준비를 하던 어느 날이다. 아이들 아침을 차려주고 화장하는데 후가 갑자기 오늘 수영 수업을 하러 간다고 했다. 수영복을 챙기고 간식을 통에 넣어주고 다시 출근 준비하러 안방으로 돌아왔다. 뒤따라 들어온 후가 침대 위에 앉아 나를 가만히 바라본다. 주저주저하더니 엄마가 이렇게 바쁜데 자기 간식을 준비해 줘서 고맙다고 말했다. 화장하다 말고 후를 바라본다. 고맙다는 아들의 말에 입꼬리가 절로 올라간다. 출근과 등교 준비로 정신없던 아침 풍경에 아들 덕분에 따뜻한 감사가 흐른다.

서이의 초등학교 졸업식 날 아이는 부모님을 위해 편지와 선물을 준비했다. 아이가 주인공이 되어야 할 자리에서 아이는 아빠, 엄마를 주인공으로 만들었다.

잘하라는 채찍질보다 노력을 인정해 주고 고마움을 표현했더니 잘하고 싶은 마음이 저절로 생기는 모양이다.

엄마의 말은 아이 마음에 깊은 상처를 낼 수도 있고, 없던 힘을 만들어 낼 수도 있다. 어린 내가 경험해 보니 그 힘, 강력하다고 오래 간다. 엄마의 말은 아이가 세상과 자신을 바라보는 창이다. 아이들은 그 말을 통해 자신의 가치와 가능성을 평가한다. 아이들에게 어떤 창을 선물하고 싶은가.

엄마의 말이 변하니 아이들의 말도 변했다. 서로에게 건네는 따뜻한 말 한마디, 세상을 살아갈 수 있는 비타민이다.

첫째와 둘째는 원래 달라요

아침부터 아들과 작은 실랑이가 벌어졌다. 후가 사과를 먹고 그릇과 포크를 방바닥에 그대로 둔 채 책을 읽고 있다. 바로 정리하길 바라는 엄마와 읽던 책마저 읽고 정리하겠다는 아이가 팽팽히 맞서고 있었다. 예전의 나라면 바로 정리해야 하는 이유를 아이가 수긍할 때까지 설명하고 있었을 거다. 하지만 이제는 길게 설명하지 않는다.

먼저 정리하고 책을 읽자고 아이에게 짧게 말했다. 아이는 여전히 책을 읽고 하겠다고 맞선다. 지나가다가 그릇을 밟을 뻔했다. 그릇이 깨질 수도 있고 포크에 찔릴 수도 있는 위험한 상황이었다. 가족에게 피해를 줄 수도 있으니 정리가 먼저라고 단호하게 말했다. 결국 후는 투덜거리는 소리와 함께 입술을 삐죽거리며 그릇을 정리했다. 엄마의 이야기를 듣고 행동해 준 후에게 잘했다는 칭찬의 말로 상황을 마무리 지었다.

딸을 먼저 키웠다. 딸은 해야 하는 일이 이해되면 바로 행동했다. 그래서 상황에 앞서 간단히 설명을 먼저 했다. 딸을 키운 방법이 정답인 줄 알았다. 그러니 둘째도 떼를 쓰면 이유를 설명했다. 지시, 명령보다 아이에게 자세한 설명이 더 옳은 방법이라는 생각도 있었다. 당연하게 지켜져야 하는 것에 대한 지나친 설명은 양육의 주도권을 아이에게 넘겨주는 일이라는 걸 알지 못했다.

똑같은 방법으로 아들을 키웠다. 아들은 엄마의 말을 쉽게 받아들이지 않았다. 고집을 피우며 끝까지 해야 할 일을 하지 않는 경우가 다반사였다. 아이의 떼가 길어질수록 설명도 길어진다. 말이 길어질수록 아이는 엄마 말을 물고 늘어졌다. 처음 벌어진 상황은 어느새 뒷전이 되어버리고 엄마 말이 꼬투리가 되어 서로 날 선 말들이 오고 갔다. 반복된 말과 긴 설명으로 나도 지치고 아이도 지쳤다. 결국 버럭 화를 내며 상황이 끝났다.

아이에게 화를 내면 자괴감이 몰려왔다. 내 말을 따라주지 않는 아들에 대한 원망도 생겼다. 아이가 받은 심리검사 결과를 보고 나서야 엄마인 내가 아들을 잘 모르고 있었다며 자책했다.

부모 상담에서 내 양육 태도와 말이 문제라는 걸 알게 되었다. 두 아이는 서로 다른 인격체이고 다른 기질을 가지고 태어났다는 사실을 놓쳤다. 알고 있는 한 가지 방법에 아들을 끼워 맞추고 있었다. 아들 키우는 방법도 검색하고, 관련 영상도 찾아봤다. 후처럼 불안이 높은 아이는 일정한 규칙이 있어야 마음이 안정되었다. 길게 설명하는 것보다 짧게 해야 할 일을 이야기해 주어야 했다. 신랑은 이미 아들에게 그렇게 행동하고 있었다. 그래서 후가 아빠 말을 잘 따랐던 모양이다.

아들과 딸을 다르게 양육했다. 아들은 짧게 상황을 정리하고 나중에 아이가 들을 준비되어 있을 때 이유를 간단히 설명했다. 엄마 말이 시작되면 귀를 막고 듣지 않던 아이가 기분이 좋을 때는 바로 이해했다. 가끔 말이 길어질 땐 신랑이 설명이 길다는 말로 나를 잡아주었다. 서로 익숙해지니 아이도 편안해지고 나도 편해졌다.

서이와 후는 17개월 터울밖에 나지 않는다. 누가 가르쳐 주지 않았지만 첫째는 누나 같고, 둘째는 동생 같다. 첫째는 동생이 울고 있으면 하던 놀이를 멈추고 집안일하는 엄마에게 달려와 옹알이로 알려주었다. 엄마가 출근할 땐 엄마 역할을 도맡아 동생을 챙겼다. 둘째이자 막내인 아들은 애교가 많다. 우리 집의 연예인이다. 힘든 날 둘째의 애교 한방에 피로가 사르르 녹는다.

누가 시키지도 않았는데 서이는 책임감 강하고 의젓하며 성실한 첫째의 일반적인 성향을, 아들은 애교 많고 지기 싫어하는 둘째와 막내의 성향을 지니고 있다. 팔베개를 해주고 있는 누나와 그 안에 푹 안겨 자는 아들. 어쩌면 이렇게 첫째와 막내의 기질이 잘 드러나게 자고 있는지 신기하다. 자는 모습을 보니 나도 모르게 아이들에게 부모가 원하는 모습을 강요하지는 않았는지 반성한다. 첫째이기에, 둘째이기에 당연하게 강요되는 기대와 요구를 아이들에게 하지 말아야겠다. 부모의 그런 행동이 아이들의 우애를 망칠 수도 있으니.

가수이자 국제 변호사인 이소은의 아버지 이규천 작가는 『나는 천천히 아빠가 되었다』에서 두 아이를 키웠던 경험을 담담하게 이야기한다. 두 아이가 너무 달라 고민인 한 엄마의 질문에 대한 이규천 작가의 인터뷰가 인상적이다.

"애들은 사실 별로 차이가 없습니다. 단지 다를 뿐이죠. 큰 애하고 작은 애하고 머리 돌아가는 것도 다르고 취미도 다르고 성격도 다르고 다 다릅니다. 제일 먼저 우리 가족이 했던 것은 일단 '다름을 인정하자'였어요. 두 아이의 다름을 찾는 데 저는 꽤 시간을 보냈어요. 내 사랑법이 달라져야 합니다. 그건 부모가 끝없이 노력해야 해요."

사람마다 타고난 기질은 다르다. 거기에 첫째와 둘째의 특성과 환경이 만나 아이의 성격이 만들어진다. 두 아이의 다름을 인정하지 않고 내 방법만 고집했던 모습에 절로 고개가 숙여진다. 아이들에게 맞는 적절한 사랑법을 찾아야 하는 일, 그게 엄마인 내가 할 일이다. 두 자녀를 세계적인 피아니스트와 국제 변호사로 자존감 높고 독립적인 성인으로 훌

룡하게 키워낸 이규천 님의 지혜를 귀담아듣는다.

　바닥에 있던 그릇을 싱크대에 두고 간 아들이 육포를 뜯으며 다시 책을 읽는다. 언제 그랬냐는 듯 장난기 가득한 표정으로 농담도 한다. 아까의 일은 생각이 안 나나 보다. 만약 예전처럼 구구절절하게 이유를 설명했다면 오랜 설명 끝에 내 감정이 끓어오르고, 그럼에도 하지 않는 아들에 대한 화가 버럭 소리로 나갔을 거다. 아이는 또 엄마를 화나게 했다는 자책감에 죄송하다는 편지를 쓰고 있을지도 모를 일이다.

　짧은 긴장감이 끝나고 다시 찾아온 평화로운 아침이 감사하다. 진작 아이에게 적절한 방법을 찾았다면 힘든 길을 돌아오지 않아도 될 뻔했는데 말이다. 딸도 처음 키우고, 아들도 처음 키우는지라 실수투성이 엄마다. 그런 엄마 밑에서 건강하게 잘 자라 주는 아이들이 기특하다.

　첫째와 둘째는 다르다. 내가 낳은 아이들이지만 서로 다른 성향의 두 인격체다. 다름을 인정하고 아이들의 성격과 기질에 맞는 양육법과 사랑법을 아이와 함께 찾아가야겠다. 해맑게 육포를 뜯는 아이가 귀엽고 사랑스러운 아침이다.

나는 가장이니까

자기 전 마사지 내기 가위바위보 한판을 한다. 마사지 5분이 걸려있기에 가위바위보를 허투루 할 수 없다. 이게 뭐라고 가위바위보 한판에 긴장감이 넘친다. 결국 아이들의 승리다. 아이들은 올림픽에서 금메달을 딴 것처럼 두 손 하늘 높이 치켜들고 함성을 외치며 하이 파이브를 한다. 엄마, 아빠가 말하지 않아도 침대에 누워 마사지 받을 준비를 마쳤다.

마사지하러 방으로 들어오던 아빠가 갑자기 두 손을 흔들며 얼빡이춤을 춘다.

"나는 얼빡이, 내 이름은 얼빡이. 마빡이 빨리 답해라."

아빠의 모습을 보고 누워있던 후가 벌떡 일어나 이마와 무릎을 두 손으로 엇갈려 치며 마빡이 동작을 따라 한다. 아빠와 아들을 보며 엄마와 딸은 배를 잡고 웃는다. 신랑은 종종 아이들과 같은 나이가 된다. 아이가 추는 춤을 따라 추고 우스꽝스러운 표정으로 아이들을 웃게 만든다. 아이와 축구할 때도 나이를 잊고 축구장을 여기저기 뛰어다닌다. 넘어지고 구르느라 몸 개그인지 축구인지 구별이 안 될 정도다. 아이들과 노는 모습을 보면 누가 애고 누가 어른인지 모르겠다. 가족을 웃게 만들려고 태어난 사람 같다.

놀 땐 마냥 아이 같은 신랑이지만 평소 성격은 철두철미하다. 무슨 일이든 처음 시작할 때 모든 상황에 대한 대비가 미리 되어 있어야 한다. 발생할 수 있는 여러 상황을 가정해 보고 해결책을 미리 고민하고 준비한다. 나와는 다르다. 나는 그때그때 상황에 따라 대처해 나간다. 좋게 말하면 융통성이 있는 것이고, 나쁘게 말하면 준비성이 부족하다.

가족회의를 하고 싶다고 말했을 때 신랑은 회의하면서 생길 수 있는 모든 상황을 가정하기 시작했다. 아이가 회의 결과를 받아들이지 못하고 떼를 쓸 경우, 회의 결과가 지켜지지 않을 경우, 회의 빈도와 회의 주제, 2대 2로 표가 나누어질 경우. 신랑의 말대로 가족회의를 시작하면 분명 겪을 수 있는 일들이다. 대처 방법에 대해 미리 고민했다.

아이들과 엄마, 아빠로 표가 나뉘는 경우, 즉 2대 2가 되었을 상황에 대해 논의할 때였다. 신랑은 자기가 이 집의 가장이니 반으로 나뉠 경우 신랑이 있는 쪽의 의견으로 결정했으면 좋겠다고 말했다. 결국 신랑의 의견이 2표의 효력을 갖겠다는 말이다.

이게 무슨 말도 안 되는 소리인가! 2대 2가 되면 신랑의 표가 갑자기 2

점짜리가 되어 무조건 신랑 쪽 의견으로 결정된다고? 평소 장난을 잘 치는 신랑이기에 농담인 줄 알았다. 가볍게 웃어넘기는 내게 신랑이 진지한 표정으로 말한다.

"가장이니깐 그 정도의 권위가 필요하지 않겠나?"

나도 모르게 표정이 점점 굳어졌다. 아이들의 의견을 존중하고 수용하는 경험을 제공하기 위해 시작하는 가족회의에서 아빠가 2표의 효력을 갖다니! 대통령도 국민의 한 사람으로서 1표를 행사하는 마당에! 평소 민주적이라고 생각했던 신랑이기에 예상치 못한 반응에 말문이 막혔다.

신랑이 2표가 된다면 앞으로 무언가를 결정할 때 엄마와 아이들보다 아빠의 의견이 중요해진다. 어차피 아빠가 선택하는 쪽으로 결정이 될 테니 말이다. 아니면 셋이 똘똘 뭉쳐야 아빠를 이길 수 있다. 독재자에게 맞서 싸우는 것도 아니고. 가족회의로 가족관계가 좋아질 게 아니라 더 나빠질 수밖에 없겠다. 아빠에게 불공정한 힘을 실어주고 우리는 무조건 따를 수밖에 없는 불평등의 심화. 이게 무슨 민주적인 회의란 말인가! 결국 부정한 힘에 대해 반란이 일어날 수밖에 없다.

내가 생각하는 문제들에 대해 말했다.

첫째, 우리 가족 모두의 의견은 똑같이 존중받아 마땅하다. 즉, 누구나 1표여야 한다.

둘째, 부모의 권위는 억지로 만드는 것이 아니라 자연스럽게 세워져야 한다.

셋째, 아이들이 아빠의 2표를 받아들이겠는가? 나이가 들수록 불만이 더 쌓인다.

무엇보다 내가 인정할 수 없다!

가장으로서 느끼는 무거운 책임감을 이해한다. 하지만 그 책임감은 혼자만 짊어질 것이 아니라 부부와 가족이 함께 나누어야 한다. 부모의 권위는 인위적인 힘에서 생기는 것이 아니다. 아이들과 쌓은 신뢰를 통해 자연스럽게 형성된다. 일관적인 태도로 아이들을 양육하고, 아이들과의 약속을 중요하게 여기며, 말뿐만이 아니라 행동으로 아이들에게 모범을 보이는 데서 부모의 권위가 생긴다. 강요된 권위는 오히려 반발심이 생기고 불만만 쌓이게 할 뿐. 위태롭게 쌓은 힘은 아이들이 커갈수록 쉽게 무너지게 되어 있다.

조목조목 문제점들을 지적하기 시작하니 신랑도 더 이상 2표를 고집하지 않았다. 1인 1표를 지키기 위한 나의 노력은 다행히 성공으로 끝났다.

가족 모두 1표씩을 가지게 되었지만 아이들은 아빠의 권위를 인정한다. 아이들과 얼빡이 춤을 추는 아빠이지만 말이다. 훈육이 시작되면 눈빛과 말투가 변한다. 아이들은 하던 일을 멈추고 눈을 마주친 채 아빠의 말에 귀를 기울인다.

후는 아빠 따라쟁이다. 말투도 따라 하고, 공부도 아빠가 하는 책상에서 하는 걸 좋아한다. 따라 하다 이제는 마빡이 춤까지 따라 추니 말 다 했다. 가족 앞에서 우스꽝스러운 춤을 추는 아빠가 세상에서 제일 힘이 세고 크다고 말하는 아들. 실제 힘과 키는 그렇지 않지만 아이들에게는 누구보다 든든한 존재다. 평소 아이들과의 약속을 중요하게 여기고, 스스로 뱉은 말을 지키기 위해 노력하는 모습을 보여주었기 때문일 거다. 지금처럼 아이들 눈높이에서 소통하고 아이들의 감정에 귀 기울이는 모습이 아빠를 세상에서 가장 크게 만들었을 거다.

가장이라고 인위적인 권위를 부여할 필요는 없다. 힘이 있고 설득력 있는 권위는 평소 태도와 꾸준한 노력을 통해 만들어지는 것이다. 억지로 만들어진 힘은 오래가지 못한다. 자녀가 커갈수록 오히려 반발심만 부를 뿐이다.

가장의 의견이 1표에 불과하다고 그 무게가 가벼워지는 것은 아니다.

언제나 그랬듯이, 우리 가족답게

가족 여행을 다녀온 일요일 저녁이다. 짐을 풀고 엄마가 저녁을 준비하는 동안 후가 TV를 켰다. 여행 때문에 학교, 학원 과제를 마무리하지 못했다. 밥 먹고 숙제할 시간도 많지 않았다. 설거지하면서 TV 앞에 있는 아이를 힐끔힐끔 바라본다.

"후야, 숙제부터 해라."

주말에만 볼 수 있는 TV를 먼저 보겠다는 아이의 볼멘소리가 흘러나왔다. 해야 할 일을 하지 않고 미루는 아이를 보며 얼굴이 발갛게 달아오른다. 분명 자기 전이 되어서야 급하게 숙제를 마무리하거나 결국 다하지 못할 게 뻔히 보였다.

지난 가족회의에서 주말에만 TV를 보기로 결정했다. TV 보는 데 많은 시간을 보내고 있다고 생각한 아이들이 정한 규칙이다. 문제는 지금처럼 다른 일정이 있을 때 주말에도 TV를 보지 못하는 경우가 생겼다. 여행을 갔다 왔으니 숙제를 먼저 해야 한다고 생각하는 엄마와 주말이니 TV 먼저 보고 숙제를 하겠다는 아이 의견이 부딪친 거다. 예전이라면 험상궂은 얼굴로 엄마 말이 맞으니 하던 일 멈추고 책상에 가라고 말했을 거다. 하지만 주말 TV 보기는 가족회의에서 결정한 사항이었다. 다른 가족의 의견을 들어볼 필요가 있겠다. 올라오는 화를 누르며 외쳤다.

"가족회의 합시다!"

먼저 아이들의 생각을 들었다. 주말에만 TV를 보기로 결정한 후 아이들도 문제점이 보였던 모양이다. 얘기를 듣고 보니 그 마음 충분히 이해되어 고개가 끄덕여졌다.

"그렇네. 그런 어려움도 있었네."

엄마가 먼저 공감해 주니 아이들도 엄마의 걱정을 잔소리라고 생각하지 않고 열린 마음으로 받아들였다. 여러 의견을 나눈 끝에 아이들도 여행을 다녀오면 숙제를 먼저 하는 것에 동의했다. 하고 싶은 일보다 해야할 일이 우선이라고 아이들도 받아들인 것이다.

주말에만 보던 TV는 평일에 본방을 사수하고 싶다는 아이들 의견을 받아들여 유동적으로 쓸 수 있도록 했다. 한쪽 주장만 이야기하지 않고 생각을 충분히 나누며 서로가 만족할 만한 결과를 찾아갔다. 이번에도 가족회의 끝에 모두가 동의한 새로운 규칙이 만들어졌다. 갈등 상황이 잘 마무리되었다.

가족회의가 문화로 자리 잡으면서 평소 생각을 나눌 시간이 많다 보니 가족끼리 언성을 높일 일이 점차 사라졌다. 서로에게 쌓여있던 오해와 불만들이 누그러들었다. 불편함이 생기면 가족회의를 하거나 말로 표현하면 될 테니.

　가족이라는 울타리 안에서는 행복, 실패, 고난 등 다양한 일이 일어난다. 부모도 사람이기에 아이들에게 최선을 다 하지만 실수도 한다. 가족 간에 갈등도 생긴다. 아이들은 가정에서 겪게 되는 다양한 경험을 통해 실패와 갈등이 삶의 자연스러운 부분이라는 것을 알아간다. 신랑이 자격증 시험에 떨어졌을 때 아이들은 아빠를 위로하기 위한 이벤트를 준비했다. 아이들의 응원으로 신랑은 훌훌 털고 일어나 다음 날 새벽부터 목표를 향해 달려 나갔다. 실패에 대처하는 아빠의 모습을 보며 아이들도 주저앉지 않고 다시 일어서는 법을 배웠을 거다. 의견이 맞지 않아 갈등이 생기면 가족끼리 '잘' 싸우면 된다. 결국 소통의 문제다. 가족 간에 생긴 문제를 해결해 나가며 아이들은 갈등을 두려워하지 않고 건강하게 해결해 가는 법을 경험한다.
　부모가 실수했을 때는 아이들에게 사과한다. 하루의 피로로 모난 목소리가 나갔을 때, 내가 옳은 게 아니라는 걸 알았을 때도 아이들에게 미안하다고 말한다. 부모가 잘못을 인정할 때 아이들은 사과와 용서를 경험하고, 실수 후에 어떻게 행동해야 하는지 눈으로 보고 배울 수 있다.

스페인 속담에 '항상 맑으면 사막이 되지만, 비가 오고 바람이 불면 비옥한 땅이 된다.'는 말이 있다. 삶은 늘 화창하지 않다. 비바람이 나무의 뿌리를 더 단단하게 하듯 우리도 실패와 실수, 갈등을 통해 서로를 이해하고 배려하는 단단한 가족이 되어간다.

새해가 시작되는 어느 날, 연하장에 우리 가족들에게 하고 싶은 이야기를 한마디씩 적었다. 서이가 썼던 이 말이 지금은 우리 가족을 대표하는 문장이 되었다.

'언제나 그랬듯이, 우리 가족답게!'

우리 가족답다는 것은 우리 가족만의 고유한 무언가가 있다는 것이다. 그게 바로 가족 문화이다. 힘든 시기도 있었지만, 서로에 대한 이해와 배려로 따뜻한 가족 문화를 만들 수 있었다.

가족의 작은 일부터 앞으로의 계획까지 함께 이야기하고 결정한다. 가족회의, 자유의 날, 용서의 날, 밥상머리 대화, 마라톤 참여 등 어느 하나 엄마, 아빠 혼자 결정한 일이 없다. 함께 만들어 가는 문화이기에 아이들도 우리 가족의 문화를 자랑스러워하고 특별하다고 믿는다. 특별한 것으로 뭉친 우리 가족이기에 결속력도 강하다. 책임감을 나누기 시작하니 무겁던 마음이 가벼워지며 놓치고 있던 나의 성장에도 관심을 두게 되었다.

　여전히 갈등은 있다. 실수도 잦다. 아이를 위한 일이라고 생각했지만 지나고 보니 엄마의 욕심이었다는 걸 깨닫기도 하고, 서로의 생각이 달라 인상을 찡그리기도 한다. 아이들이 커가면서 지금껏 겪어 보지 못한 새로운 문제들도 생길 것이다. 하지만 걱정하지 않는다.
　실수하더라도 언제나 그랬듯이, 함께 고민하고 의논하여 우리 가족다운 최선의 선택을 할 테니.
　완벽하지 않아도 괜찮다.

제 5 장

나의 변화가 가족의 성장으로

: 오늘도 나아가는 중입니다

엄마, 아빠의 은밀한 작전

가족회의를 하면서 생길 수 있는 문제들에 충분히 고민하고 미리 대비했지만 막상 겪어 보니 쉽지만은 않았다. 아이가 가족회의 결과를 받아들이지 않았다. 자신의 의견이 채택되면 누구보다 좋아했지만 그렇지 않으면 인상을 쓰고 울었다. 회의 결과를 지키지도 않았다. 가족회의를 하고 나면 서로 마음이 상했다. 처음 몇 번은 적응하기 위한 과정이라고 여겼다. 자리를 잡아가기 위한 시행착오이니 시간이 지나면 괜찮아질 거라고 말이다.

그러나 가족회의를 하면 할수록 아이의 의견만 지켜졌다. 어차피 엄마, 아빠의 의견은 지켜지지 않으니 회의하는 의미가 없었다. 이대로 가다간 소통이 아니라 가족회의로 싸움과 원망만 남을 판이다. 무언가 대책이 필요했다.

마침 언니네 가족이 여행을 가면서 키우는 강아지 대박이를 우리 집에 맡겨도 되는지 물어보았다. 그 이야기를 듣는 것만으로 아이들은 좋아서 집안을 방방 뛰어다녔다. 하지만 문제가 있었으니, 신랑은 동물과 함께하는 생활을 좋아하지 않았다. 하루이틀도 아니고 5일을 대박이와 함께한다는 건 신랑이 반대할 게 뻔했다. 아이들은 고민하기 시작했다. 그때 불현듯 가족회의가 생각났다. 가족회의를 하자고 제안했다. 3대 1 이니 우리가 무조건 이기는 회의였다.

후는 회의를 해도 아빠가 안 된다고 할 게 뻔하다고 했다. 아빠가 그렇게 싫어하는 일이니 당연히 결과를 받아들이지 않을 거라고. 본인이 그랬으니 다른 사람도 그럴 거로 생각했나 보다. 평소에 회의 결과를 지켰다면 이럴 때 가족회의로 결정할 수 있을 거라고 아쉬워했다. 싫어하는 일이지만 아빠라면 받아들일 수 있을 거라고 말했다. 여전히 아이는 믿지 못하는 눈치다.

그날 밤, 아이들이 자고 난 후 신랑과 은밀한 작전 회의를 시작했다. 이 상황에서는 신랑이 회의 결과를 수긍하는 모습을 보여줘야 했다. 본보기가 필요한 시점이다. 신랑은 대박이가 집에 오는 것이 불편했지만 가족회의를 문화로 정착시키기 위해 무언가 해야 한다는 것에는 동의하고 있었다. 잠시 고민하더니 대박이를 받아들이기로 했다. 큰 결심이었다.

다음 날 저녁 식탁에 둘러앉아 가족회의를 시작했다. 대박이를 데리고 오는 것에 대한 각자의 생각을 이야기했다. 아이들의 표정이 제법 진지하다. 신랑은 반대의 이유가 끊임없이 나왔다. 우리는 각자 찬성하는 이유에 대해 자세히 설명했다. 아빠를 설득하겠다는 의지로 아이들 두 눈이 반짝인다. 아빠가 걱정하는 것에 대해 조목조목 반박하며 자신들의 의지를 피력했다. 어른의 도움 없이 대박이와 관련된 일은 다 할 수 있다고 말이다.

드디어 결정의 시간. 당연히 3대 1로 우리의 승리다. 아이들이 결과를 확인하고 긴장되는 얼굴로 아빠를 바라본다. 결론이 났다고 마냥 기뻐할 수만은 없다. 회의 결과를 듣고 아이들이 울기도 하고 떼를 쓰기도 해 가족회의가 파행으로 끝난 적이 몇 번 있던 터였다. 신랑은 난감한 표정을 짓다가 가족회의로 결정된 거니 따르겠다고 선언했다. 아이들은 손뼉을 치며 좋아했다. 나는 그 순간을 놓치지 않았다. 아이가 기억할 수 있게 눈을 마주 보고 말했다. 아빠가 강아지를 싫어하는데도 불구하고 회의 결과니깐 화내지 않고 받아들이는 이 태도를 꼭 기억하라고 말이다.

대박이가 우리 집에서 지내는 5일 동안 엄마는 "가족회의 좋다. 가족회의 아니었으면 대박이 우리 집에 못 왔을 텐데."하고 혼잣말을 중얼거렸다. 아이는 엄마 말을 듣고 아무 말을 하지 않았다. 말은 하지 않았지만, 엄마의 말에 수긍하는 눈치다.

그 뒤로 신랑과 은밀하게 의논해서 이런 상황을 자주 만들었다. 엄마가 처음엔 반대했지만 3대 1로 결과를 수긍하거나 절대 반대할 것 같은 일을 아빠가 가족회의를 통해 받아들이는 상황을 말이다. 아이가 회의 결과에 손뼉을 치며 즐거워하면 기다렸다는 듯이 이 말을 했다.

"가족회의 참 좋다! 아니었으면 우리 지금 오락 못 했을 텐데."

아이들은 점점 긍정적인 경험을 쌓아갔다. 긍정적인 경험이 쌓이면 쌓일수록 웃으며 회의 결과를 받아들였다. 혼자 3대 1이 되는 상황에서도 결과를 인정했다. 물론 가끔은 입이 삐쭉 나오기도 하고 표정이 굳어지기는 하지만 말이다.

지금은 의논해야 할 상황이 생기거나 어떤 결정을 앞두고 아이가 먼저 말한다.

"우리 가족회의 할까?"

회의 결과를 받아들이지 않으니 더 이상 못 하겠다고 포기할 수도 있었다. 하지만 다양한 방법을 시도했고 결국 원하는 결과를 얻을 수 있었다. 아이에게 가족회의가 필요한 이유를 설명하기보다는 긍정적인 감정을 경험할 수 있도록 노력했다. 반대하던 엄마, 아빠가 즐겁게 결과를 받아들이는 모습도 꾸준히 보여줬다. 우리의 은밀한 작전 덕분에 아이들은 이제 누구보다 가족회의를 좋아한다.

가정에서 쌓은 경험이 친구들과의 관계에도 자연스럽게 스며들길 바란다. 화내지 않고 친구의 의견을 듣고 자기 생각을 말하는 사회적 기술도 쌓아가길 기대한다. 함께 규칙을 정하고 지키는 경험은 원활한 학교생활에 도움이 될 것이다.

가족회의는 서로 눈을 바라보며 생각과 마음을 나누는 시간이다. 이제는 자신의 의견을 부드럽게 상대에게 말하고, 상대의 의견을 받아들일 건 받아들인다. 내가 원하는 것만 주장하지 않고 서로 배려하고 양보하려 노력한다. 그 양보와 배려를 엄마, 아빠가 먼저 했더니 아이들도 자연스럽게 따라 하더라.

공동의 목표를 위해 엄마, 아빠가 똘똘 뭉쳤다. 아이들은 은밀한 작전의 결과였다는 사실을 아직 모른다. 은밀한 작전이면 뭐 어떤가. 결국 그 작전 덕분에 아이들도 원하는 것을 얻었으니 모두에게 윈윈이다.

내가 바로 서기 시작하니 가정이 보였다

착한 아이 콤플렉스가 있었다. 어릴 땐 그게 뭔지도 몰랐다. 그저 다른 사람 배려하며 사는 순한 아이라고만 생각했다. 거절 못 하고 집에서 이불을 찰지언정 남에게 싫은 소리 하기 싫었다. 내 감정 드러내지 않았고, 드러날까 봐 하루 종일 긴장했다. 하루를 보내며 온몸의 기운이 다 빠졌고, 심신이 지쳐 집으로 돌아왔다. 침대에 누우면 세상 편하고 좋았다. 20대 가장 꽃다운 나이에 침대에 눕는 시간이 가장 행복하다고 말했다.

주변의 평판과 시선을 신경 쓰느라 내 마음을 표현하지 않았다. 거절당할까 봐 무서웠고 말하지 않아도 상대가 알아서 해주길 바랐다. 나에게 주어진 것들이 당연하다 생각했으니 감사한 줄도 몰랐다. 나는 한다고 하는데 뜻대로 되지 않는 이유는 주변 탓이라 여겼다. 원인을 엉뚱한 곳에서 찾았으니 해결을 위해 내가 할 일이 없었다. 그저 불평하며 상황만 바뀌길 기다렸다. 내가 아닌 다른 사람이 내 삶을 쥐고 흔드는 것 같았다.

경험이 쌓이며 당연한 게 없다는 걸 깨닫는다. 결혼하면 아이를 낳는 것조차 당연한 게 아니었다. 낯선 시험관이라는 과정을 거쳐 엄마가 되고 나서야 모든 것이 감사한 일임을 알게 되었다. 당연한 건 내가 만들어 놓은 나만의 기준일 뿐이었다. 불평을 멈추고 나를 보기 시작했다. 내 모습이 마치 바람 앞 촛불 같다. 주변 말 한마디에 감정이 요동치고 위태로워 보였다. 표현하지 않으면서 세상을 향해 불평만 하는 내가 불안하기만 하다. 내가 먼저 흔들리지 않고 바로 서야겠다. 가족을 위해서 그리고 나를 위해서 말이다.

책을 다시 읽기 시작했다. 삶이 고달팠던 책 속의 작가도 자신이 할 수 있는 작은 일을 실행하면서 변화가 시작되었다. 부러우면 따라 하면 된다. 내가 할 수 있는 일부터 하나씩 행동했다. 일어나면 침대 정리부터 신랑이 해주길 기다리지 않고 직접 했다. 사소한 일에도 지나치지 않고 감사를 표현했다. 나도 저들처럼 행동하면 지금과 다른 삶을 살 수 있을 거란 희망이 생겼다. 일어나는 시간, 그게 변화의 시작이라면 얼마든지 할 수 있었다. 새벽에 해야 할 일들을 찾았다. 허벅지 찌르며 책을 읽었고, 손사래를 치던 글을 쓰기 시작했다. 뒤로만 숨던 내가 세상으로 한 걸음 나가기 위해 오프라인 모임에도 참여했다. 예전에는 상상할 수 없었던 보디 프로필도 찍었고, 아침 달리기도 만났다. 하루를 마무리하며 감사 일기도 썼다. 유리 같던 마음이 조금씩 단단해지고 있다. 내가 바로 서기 시작하니 신랑과 아이들이 보였다. 가족과 함께 목표를 세우기 시작했다.

　세상에 당연한 건 없다는 것을 인정하면서 상대에 대한 막연한 기대 대신 원하는 것을 말하기 시작했다. 정확하고 구체적으로 말이다. 처음엔 가족에게, 점차 친구들과 주변 사람들에게 내 생각과 마음을 말로 표현했다.

　원하는 것을 말하기 시작하면서 상대의 말에도 귀 기울이게 되었다. 이제는 자신의 마음과 생각을 말해 주는 상대가 섭섭하지 않고 고맙다. 바라는 것을 몰라주는 것에 대해 아쉬워하기보다 요구를 들어준 것에 대해 감사했다.

　말 잘 듣는 첫째와 자기 고집 강한 둘째를 키운다고 생각했다. 나만의 기준으로 자녀에게 기대하는 당연한 일들이 둘째에게는 지켜지지 않았다. 내 기준대로라면 떼를 쓰거나 게임을 하다가도 그만하라고 하면 바로 멈춰야 했다. 게임 오래 하는 게 좋은 게 아니니 엄마가 생각하는 시간만큼만 하고 엄마 말을 따르라고 다그쳤다. 아이의 마음보다 내가 생각하는 당연히 해야 하는 것이 우선이었다. 엄마의 말과 행동이 변하니 아이도 바뀌기 시작했다. 이제는 아이의 작은 노력 하나하나가 당연하지 않고 감사하다.

　당연함을 내려놓으니 감사함이 찾아왔다. 세상은 변한 게 없는데 부족한 것들만 보던 내가 감사한 점들이 더 많이 보였다. 상대가 바뀌기만을 바라지 않고 이제는 할 수 있는 것을 찾는다. 자기 전 오늘의 감사한 점 3가지를 찾아 기록한다. 건강한 내 모습에 감사하고, 엄마라고 불러주는 아이들에게 감사하다. 아침에 웃으며 출근한 신랑이 건강한 모습으로 돌아와 가족과 함께하는 것도 감사하고, 엄마처럼 동생을 챙겨준 서이가 감사하고, 애교 섞인 목소리와 춤으로 가족을 웃게 만드는 후가 감사하다. 감사함으로 시작하고 마무리하는 하루는 선물과도 같다.

매일 감사한 점을 찾다 보니 이제는 감사하다는 말이 나도 모르게 나온다. 퀵보드를 타던 서이가 바닥에 넘어져 의식을 잃은 적이 있다. 넘어지면서 순간 쇼크가 온 모양이다. 병원에 가려고 급하게 준비하는데 서이의 의식이 회복되고 입술에 핏기가 돌기 시작했다. 건강한 모습으로 돌아와 준 아이가 고마웠다. 이 정도만 다쳐서 감사하다는 말이 절로 나오며 아이를 꼭 안았다. 예전의 나였으면 조심하지 않은 아이를 타박하는 말이 먼저 나왔을 거다.

매일 반복되는 그저 그런 하루가 아니라 오늘도 선물 같은 하루를 감사하게 시작한다. 주변 상황이 변한 건 없다. 그저 내 마음 하나만 바꾸었다. 그동안 애써 외면했던 불안하고 불만 가득했던 내 마음을 들여다보았을 뿐이다. 흔들리는 이유를 내게서 찾으니 내가 할 수 있는 일과 마음을 단단하게 만들 수 있는 방법이 보였다. 내가 바로 서기 시작하니 감사함으로 둘러싸인 가정이 있었다.

단단한 엄마가 되고 싶다. 어린아이들이 넘어졌을 때 엄마 품에 안기는 것만으로 마음이 안정되어 울음을 멈추는 것처럼 힘들면 달려와 쉬고 싶은 안식처가 되어주길. 삶이 고달플 때 엄마를 떠올렸으면 좋겠다. 아이의 어려움에 같이 흥분하지 않고 조용히 지켜봐 주며 따뜻한 격려와 위로를 건네줄 수 있기를. 수풀이 우거진 나무가 되어 더운 날 잠시 쉬었다 갈 수 있도록 넓은 그늘을 만들어 주고 싶다. 그러기 위해 뿌리를 단단히 박고 제대로 서 있어야겠지.

작은 바람에도 아이들과 같이 흔들리는 위태로운 나무가 아니라 든든한 마음의 버팀목이 되어줄 수 있기를 바란다.

나만 제자리인 것 같나요?

초등학교 때 수학을 못 했다. 구구단을 못 외워서, 분수의 덧셈, 뺄셈을 못 해서 소위 나머지 공부를 밥 먹듯이 했다. 종이 울리면 책가방을 메고 집에 가는 친구들이 그렇게 부러웠다. 초등학교 고학년이 될수록 수학은 더 어려워졌다. 교과서에서 배운 개념은 이해가 되지만 응용해서 푸는 문제들은 좀체 해결 방법이 보이지 않았다. 학교에서 한 번도 풀어본 적 없는 문제를 척척 푸는 친구가 신기했다. 한참을 쳐다보다가 용기 내어 물어보니 학원에서 배웠다고 했다. 그때 처음 학원에 다니고 싶어 엄마를 졸랐다. 공부보다 친구들과 노는 게 더 좋았기에 결국 얼마 못 가 학원도 그만두었다.

중학생이 된 후에도 수학은 여전히 어려웠다. 학원은 다니기 싫고 수학은 어렵던 차에 고등학생이던 언니가 다니던 독서실이 좋아 보였다. 이번에도 엄마를 졸라 독서실을 다녔다. 집에서는 언니와 같은 방을 써야 했으니 내 책상이 있는 독서실이 좋았다. 아무도 방해하지 않는 나만의 공간이 있다는 것만으로도 행복했다.

독서실에서 가장 부족한 수학을 혼자 공부했다. 때마침 중학교 2학년 때 담임 선생님이 선생님과 같이 키가 작다는 이유로 나를 예뻐하셨다. 단순 그 이유인지는 모르겠지만 선생님의 따뜻한 눈빛은 나를 절로 독서실로 이끌었다. 선생님을 실망하게 하고 싶지 않았기 때문이다. 공부를 열심히 하게 된 이유 중 하나다.

중학교 2학년 때부터 독서실에서 유명한 아이였다. 마지막 차를 타고 다니는 유일한 중학생이었기에. 고등학교 언니, 오빠들 틈에서 중학교 교복을 입은 아이가 앉아 있으면 버스 앞, 뒤에서 나에 대해 소곤거리는 소리가 들렸다. 어쩌면 그 소리가 뿌듯해서 늦게까지 남아있었을 수도 있겠다. 고등학교 2학년이 될 때까지 거의 매일 독서실 막차를 타고 집으로 갔다. 가끔 그때의 열정이 부럽고 그립다.

계획을 세우고 밤 12시, 1시까지 앉아 복습, 예습을 했다. 다른 과목은 공부한 만큼 성과가 보이는데 유독 수학 성적은 생각만큼 쉽게 늘지 않았다. 하루 7시간을 공부한다면 5시간이 수학 공부였다. 수학 정석 문제집이 너덜너덜해져 아빠가 노끈으로 찢어진 책을 다시 묶어주었다. 책이 해질 때까지 본다는 게 무슨 말인지 알 정도로 반복하고 반복했지만, 성적은 원하는 만큼 한 번에 오르지 않았다. 조금 오른 것 같으면 몇 개월 또 그 자리, 다시 성적이 조금 오르면 몇 개월 또 그 자리이기를 반복했다.

그렇게 고등학교 2학년 마지막 모의고사 일이 다가왔다. 유독 긴장했던 그 시험을 채점하던 순간이 아직 생생하다. 수학 모의고사를 다 맞았다! 그렇게 공부해도 제자리를 맴돌던 수학을 처음으로 다 맞은 것이다. 그 뒤로 수학은 어려운 과목이 아닌 가장 좋아하는 과목이 되었다. 오르고 멈추고, 오르고 멈추고를 반복하던 점수가 내가 원하는 지점까지 이른 이후에는 큰 노력을 기울이지 않고도 실력을 유지할 수 있었다.

노력하다 안 되면 포기할 법도 하건만 끈질기게 잘도 버티더니 원하던 결과를 얻어냈다. 머물러있다고 멈췄으면 얻지 못했을 것이다. 성장은 직선이 아니고 계단식으로 이루어진다는 것을 경험으로 알게 되었다. 노력이 쌓이고 쌓이면 결실을 보는 순간이 온다는 것을.

친구가 아들에 대해 고민을 털어놓았다. 책상에 앉아 있는 시간은 긴데 성적이 제대로 나오지 않는다고, 지켜보는 엄마로서 안타깝다고 말이다. 지금 노력이 어디 가진 않는다, 이 시간이 쌓이고 쌓여 언젠가 빛을 발할 거라고 친구에게 말했다. 아들의 노력이 실력으로 쌓여 한 번에 점프하는 순간이 올 거라고 말이다. 그때까지 포기하지 말고 버텨주길.

어쩌면 스스로에게 하는 말일 수도 있겠다. 꾸준히 해나가면 언젠가 내가 원하는 결과를 얻을 수 있다는 것을 알고 있으면서도 실천이 쉽지 않았다. 조금만 힘들면 다른 무언가를 찾아 나섰고 성과가 나오지 않는다며 포기해 버리던 요즘의 나에게 말이다. 당장 결과로 나타나지 않아도 차고 넘쳐 한 단계 도약하는 순간이 오리라는 걸 오래전 경험으로 알고 있음에도 말이다. 친구에게 말하면서 열정 넘치던 고등학생 때로 잠시 돌아갔다. 마음속 깊은 곳에 꼬깃꼬깃 넣어두었던 보물을 찾은 느낌이다. 뜨거운 무언가가 가슴 속에서 올라온다.

　새벽 기상을 시작하고, 목표를 세우고, 블로그에 글을 적으며 예전의 그 열정이 조금씩 되살아나는 느낌이다. 새벽에 급하진 않지만 소중한 것들을 매일 한다. 가계부도 쓰고, 신문도 읽고, 책도 읽는다. 도망가기 바빴던 글도 쓰고 운동도 한다. 일상에 치여 미뤄지던 나를 위한 일들을 해나간다. 이 시간 1순위 관심은 바로 나 자신이다. 매일의 새벽 루틴을 통해 해냈다는 성취감도 느끼고 배우는 기쁨도 알아가고 있다.
　피곤한데 굳이 새벽에 일어나야 하냐고 묻는 이들도 있다. 새벽에 일어나 책 좀 읽고 글 좀 쓴다고 뭐가 바뀌냐고 말이다. 의지에 불타오르다가도 주변의 말에 흔들린 적도 있었다. 그럴 때면 조급한 마음도 생겼다. 그 시간이 절대 헛되지 않았다는 것을 나와 우리 가족을 보면 안다. 생기가 없던 신랑은 미래를 위해 새벽마다 공부하며 다시 반짝반짝 빛나기 시작했다. 절대 포기하지 못했던 하루 한 캔 맥주마저 시험 합격할 때까지 미뤄 놓고 말이다. 단체 활동에 어려움을 겪던 아이는 더 이상 학교에서 전화가 오지 않는다. 이제는 학교에 가는 게 재밌다고 말한다.

그사이 나도 평생 시도조차 못 할 거로 생각했던 보디 프로필을 찍고 마라톤 대회에 참가하더니 이제는 책 쓰기에 도전하고 있지 않은가.

눈에 보이지 않는 노력이 내 안에, 그리고 우리 가족 안에 조금씩 쌓이고 있다. 당장 보이는 성과가 없고 제자리에 머물러 있는 것 같지만 어느 순간 한 계단 올라와 있는 나와 우리 가족의 모습을 그려본다.

성장은 계단식으로 이루어진다. 속도도 제각각이다. 나무는 하루아침에 크지 않는다. 오랜 시간 햇빛을 받고 물을 마시며 자기 속도에 맞게 성장한다. 조급해할 필요는 없다. 천천히 자라는 만큼 땅속 깊이 뿌리를 단단히 박고 있을 것이니.

아무리 노력해도 나만 제자리인 것 같은가? 머물러있다고 포기할 수는 없다. 박웅현 작가는 『여덟 단어』에서 열심히 살다 보면 인생에 어떤 점들이 뿌려질 것이고 의미 없어 보이던 그 점들이 어느 순간 연결돼서 별이 된다고 말한다. 노력이라는 여러 점이 만나 '나의 별'을 만들 수 있는 순간이 오기를! 별이 만들어지기 전에 애써 쌓아놓은 나의 점들을 포기하지 말자, 다짐한다.

엄마가 다 잘할 수는 없습니다

　아이가 체험학습을 가는 날이다. 유튜브로 예쁘고 귀여운 도시락을 찾아본다. 다들 어쩌면 이렇게 솜씨가 좋은지 괜히 내가 만드는 김밥이 초라해 보인다. 유튜브에 나와 있는 방법을 몇 번 시도 하다 결국 평소에 싸던 방법 그대로 김밥을 만든다. 화려하진 않지만, 정성 가득 담아 도시락을 준비한다.

　세상에는 요리 잘하는 엄마들이 참 많다. 요리만 잘하는가? 예쁜 도시락을 검색하다 보니 자연스럽게 예쁜 집 영상도 보인다. 인테리어부터 아기자기한 소품까지, 유튜브에 소개된 집을 보면 모델하우스에 온 것 같다. 살림도 잘하고 아이들 교육도 잘하고 게다가 재테크까지 잘한다.

　내가 잘하는 건 무엇일지 생각해 보니 딱히 떠오르는 게 없다. 재테크도 엉망인 것 같고 집 정리도 마음에 들지 않는다. 아이 키가 작은 것도 괜히 내 탓 같다. 불안이 높은 것도, 준비물을 챙기지 못한 것도 내가 엄마로서 부족해서 그런가, 마음이 쪼그라든다. 나는 엄마로서 최선을 다

했다고 생각했는데 만족스럽지 않은 현실에 기분이 가라앉는다. 결혼하고 10년이 지난 후 주위를 돌아보니 머물러있는 나와 엄마의 책임과 의무로 한없이 작아진 내가 보일 뿐이다.

나에게 주어진 모든 역할을 잘해내야 한다고 생각했다. 아이들도 잘 키워야 하고, 살림도 잘해야 하고, 일도 잘해야 한다고 말이다. 조금이라도 부족한 부분이 보이면 스스로를 더 채찍질했다. 아프면 쉴 생각은 하지 않고 미련하게 참았다. 정 안 되겠다 싶으면 아이들을 돌보기 위해 병원에 가서 주사를 맞고 약을 타왔다. 엄마인 나는 아픈 것도 안 된다고.

한다고 하는데 부족한 부분만 보였다. 한번 부족해 보이기 시작하니 끝도 없다. 다른 엄마들은 척척 잘도 해내는 것 같은데 나는 왜 이리 힘들까. 누군가의 겉모습을 나의 속사정과 비교했다. 다른 이의 최고의 모습과 나의 부족한 부분을 바라본 것이다. 이룰 수 없는 높은 기준을 만들고 허덕이고 있었다.

쌓이고 쌓이던 감정이 결국 터지고 말았다. 아침도 못 먹고 출근 준비를 하던 어느 날 아이가 먹지도 않고 버린 밥을 보고 서러움이 폭발했다. 아침을 준비하면서 아이들 더 먹이겠다고 돈가스 하나 집어 먹지 않았는데 그게 그대로 싱크대에 버려져 있으니. 눈물이 가득 차올랐다. 날마다 종종거리며 사는데 이게 내가 원하던 삶인지 의문이 들었다. 생각이 여기에 머무니 힘이 빠졌다. 감정을 억누르고 눈물을 삼켜보려 애썼지만 결국 참지 못했다.

회의 중 받은 학원 전화에도 그동안 애써 외면했던 감정들이 터져 나왔다. 아이는 얼마나 황당했을까. 아이 때문이 아니었다. 무엇이든 만족스럽게 해내야 한다는 완벽주의와 높은 기준이 나를 힘들게 만든 거였다. 내가 정한 의무감과 책임감이 나를 짓누르고 있었다.

부족한 내 모습을 있는 그대로 받아들였다. 내 삶에서 실수가 있었듯이 아이에게도 실수할 수 있다는 것을 인정했다. 엄마도 인간이다. 모든 것을 완벽하게 해낼 수 없다. 친구들에게는 잘도 하는 이 말을 내게 적용하지 않았다. 갖고 있는 시간과 에너지는 정해져 있는데 여러 일을 동시에 해내면서 결과에 대한 기준은 높았다. 그러니 나를 위로하거나 격려하지 않고 채찍질만 해댔다. 요리 잘하고 인테리어에 능한 엄마는 아닐지언정 내가 잘하는 것도 분명히 있을 텐데. 사람은 누구나 보물 하나쯤 안고 살아간다. 내가 몰라봐서 그렇지.

의무감과 책임감을 잠시 내려놓고 아이를 사랑하는 마음에만 집중했다. 아이를 아끼고 사랑하는 마음은 누구보다 자신 있었다. 아이를 완벽하게 키우는 것보다 사랑하는 마음을 충분히 느끼게 해주면 될 일이었다.

울며 떼쓰던 아이도 자신의 마음을 읽어주기 시작하니 울음을 멈추고 엄마의 눈을 바라보았다. 화가 나던 마음도 아이 두 눈에 고인 눈물을 보는 순간 차분히 가라앉았다. 속상한 아이의 마음을 읽어주었을 뿐인데 막무가내로 떼를 쓰던 아이가 천천히 고개를 끄덕였다. 화산처럼 들끓던 마음이 식어가는 게 눈에 보였다. 때로는 아이에게 원하는 걸 직접 물어본다. 내가 완벽할 수 없고 나의 판단이 모두 옳지 않으니 아이와 대화를 통해 더 좋은 방법을 찾아간다.

물론 마음을 읽어준다고 모든 걸 다 허용할 수는 없다. 안되는 건 안된다고 단호하게 마무리 지을 때도 필요하다. 양육의 주도권을 내어주어서는 안 된다.

아이들에게 엄마가 모든 걸 다 잘할 수 없다고 인정했다. 엄마도 어떤게 너희를 위한 좋은 선택인지 잘 모를 때가 있다고, 그러니 우리가 함께 찾아보자고. 처음엔 엄마가 왜 모르냐며 아이가 황당해했다. 엄마가 하기 싫어서 일부러 피한다고 생각하기도 했다. 그럴 때마다 아이 눈을 보고 엄마는 마법사가 아니라 원하는 것을 다 해줄 수도 없다고 말했다. 이제는 아이들도 엄마를 이해하고 함께 고민한다. 내가 결정해 주길 기다리는 대신 적극적인 모습으로 의사결정에 참여한다.

지금을 살고 있는 내가 앞으로의 삶을 살아야 하는 아이에게 하는 조언들이 다 옳을 수 없다. 모든 걸 잘할 수 없다고 인정하니 마음의 부담감이 점차 줄어들었다. 부담감이 사라지니 아이를 키우는 일이 어렵게만 느껴지지 않는다. 방법은 한가지가 아니고 결국 내가 아닌 우리가,

우리에게 적절한 방법을 함께 찾아낼 것이니 말이다.

어릴 적 내가 바라본 엄마는 무엇이든 척척 잘 해내고 세상 모르는 게 없는 나만의 우주였다. 내가 엄마가 되어보니 엄마로서도, 인생에서도 초보일 뿐이었다. 오히려 아이를 키우며 예전에는 몰랐던 것들을 깊이 이해하고, 성장하며, 어른이 되어가는 중이다. 엄마라고 다 잘할 수는 없다. 엄마는 아이에게 중요한 존재이지 완벽한 존재가 아니다. 아이들도 완벽한 엄마보다 자기를 사랑해 주는 엄마이길 바랄 거다. 그 사랑을 아이가 느낄 수 있도록 마음껏 표현하는 엄마 말이다.

부담감과 책임감을 내려놓고 아이를 사랑하는 마음에만 집중했다. 나만큼 우리 아이에게 사랑과 정성을 듬뿍 담을 수 있는 사람은 없다. 세상에서 가장 예쁘고 귀여운 도시락은 아닐지언정 아이에 대한 사랑만큼은 듬뿍 담긴 도시락을 만들 수 있지 않은가. 아이에게도 완벽한 도시락보다 사랑으로 가득 찬 도시락이 더 좋다!

주저앉지 않고 변하고 있어요

누구에게나 시작은 있다. 처음부터 뛸 수 있는 사람은 없다. 엄마 뱃속에서 이제 막 태어난 아기는 아무것도 하지 못한다. 누워서 우는 걸로 자신의 욕구를 표현한다. 그러다 힘이 생기면 뒤집기를 시작하고, 배밀이를 하다가 기고, 잡고 서고, 드디어 걷는다. 다리에 힘이 붙을 때까지 수많은 실패 속에서 걷고 또 걷는다. 넘어져서 피가 나고 상처가 나는데도 다시 손에 힘을 불끈 쥐고 일어선다. 그리고 드디어 뛰기 시작한다.

새벽 기상을 시작한 지 3년 차다. 새벽 알람을 몇 개씩 맞춰가며 무거운 몸을 일으켰다. 6시에 일어나는 것도 버겁던 내가 조금씩 시간을 앞당겨 지금은 새벽 4시에 하루를 시작한다. 병든 닭처럼 꾸벅꾸벅 조는 모습에 좌절했다면 지속하지 못했을 거다. 주저앉지 않기 위해 더 자고 싶다는 마음 누르고 실패해도 계속 일어났다. 이제는 주말에도 4시면 눈이 떠진다.

누군가는 기지도 못하고 일어서지도 못하면서 뛰고 싶어 한다. 저 아이는 뛸 수 있어서 하고 싶은 것 하고, 가고 싶은 곳 마음대로 갈 수 있는데 왜 나는 못 가냐고 툴툴거린다. 그 아이가 뛰기 위해 포기하지 않고 반복했던 노력과 몸에 입은 상처는 보려고 하지 않는다. 그저 지금의 모습만 보고 자신과 비교한다.

나 또한 새벽부터 일어나 삶의 중요한 일을 해내는 누군가의 간절함과 노력을 보지 못했다. 못하는 핑계만 찾았다. 잠이 많아서 새벽에 못 일어난다는 말로 나는 할 수 없다고 스스로 한계를 지어 버렸다. 너는 나보다 더 나은 환경이었을 거라고 자기합리화를 하기도 했다. 하려는 시도조차 하지 않은 채 현재의 모습에 머물러 있으면서 말이다. 그들과 내가 다르다고 생각했다. 책 속의 당신은 특별한 경우라고 말이다.

책을 읽고 강의를 들으며 알게 되었다. 그들과 내가 다를 것이 없다는 것을. 오히려 나의 상황이 더 나아 보였다. 그들이 얼마나 절실하게 지금의 모습을 원했는지, 얼마나 치열하게 이 길을 걸어왔는지 알면 알수록 나도 할 수 있다는 자신감이 조금씩 생겼다.

일타 강사로 유명한 이지영은 어려운 가정 형편으로 고등학교 때 도시락 무상 지원을 받았다. 전교에서 5명만이 받는 파란색 가방의 무상 지원 도시락. 친구들 사이에서 주눅 들고 상처받을 수 있는 환경이었음에도 불구하고 자신의 꿈을 놓지 않았다. 그에게 가난은 불편하긴 하지만 부끄러운 게 아니었다. 성공으로 가기 위한 과정의 일부분이라고 생각했다. 이지영 님에게 가난은 극복해야 할 대상이었을 뿐이다.

그 어린 나이에도 일기장에 자신이 성공한 미래의 모습을 상상하여 글로 썼다. 한강이 보이는 집에 와인바를 차려놓고 각양각색의 차가 있는 모습을 말이다. 성공을 확신했고 최선을 다해 자신의 인생을 만들어 갔다. 아픈 배를 부여잡고 일을 하다가 맹장이 터져 위험할 뻔했다는 에피소드는 그녀가 얼마나 하루를 치열하게 살았는지 말해준다. 맹장이 터지고도 고통을 참아가며 일을 했다는 게 상상이 되지 않았다. 조금만 아파도 블로그도, 운동도, 독서도 멈춰 버리는 나를 돌아보게 만든다. 일타 강사 이지영이 걸어온 길을 보면 지금 그녀의 자리가 절대 과하지 않다. 충분히 누릴 만하다.

내게도 시작이 있다. 나보디 앞서간 그들과 다르지 않다는 걸 아는 순간 내게도 시작이 생겼다. 시작과 더불어 목표도 생겼다.

매일의 새벽이 쌓이고, 습관이 쌓이고, 독서가 쌓이다 보면 오롯이 혼자 설 수 있고, 걸을 수 있으며, 결국엔 뛸 수 있는 순간이 온다는 걸 이제는 안다. 생각했던 것보다 시간이 더 걸릴 수 있고, 세게 넘어져 온몸에 멍이 들 수도 있겠지만 말이다. 시도조차 하지 않으면 걸을 수도 없다는 걸 알기에 오늘 실패하더라도 다시 일어난다. 그대로 포기해 버리면 희망도 사라질 테니.

책에서 본 다른 시작도 나와 비슷했다. 짜장면집 사장님에서 지금은 수많은 엄마의 새벽을 열고 그들의 성장을 돕고 있는 부자마녀, 찜질방 매점 아주머니에서 다양한 파이프라인으로 경제적인 자유를 이룬 꿈꾸는 서여사의 시작도 그랬다. 그들이 할 수 있는 작은 일부터 실행했고, 점차 자신의 삶을 바꿔가기 시작했다. 그 시작이 있었기에 지금의 모습에 이를 수 있었다.

나는 오늘도 주저앉지 않고 나아가고 있다. 넘어지면 탈탈 털고 일어나 어제의 나보다 한 걸음 더 나아가련다. 아프고 힘들면 잠시 쉬었다가 앞으로 걸어가면 될 일이다. 주저앉아 있었더니 텅 빈 자리에 후회만 남는다는 걸 이미 경험으로 배웠다. 그 후회가 생각보다 쓰리고 아팠다. 한 번으로 충분하다. 단 한 번의 실패 없이 성공에 이를 수는 없다는 당연한 사실을 모를 만큼 어리지도 않다.

아이들은 부모의 사는 모습을 그대로 보고 배운다. 사는 모습도, 실수를 마주했을 때의 대처도 스펀지에 물이 흡수되듯 따라 한다. 하루하루 성장하기 위해 노력하는 아빠, 엄마를 보며 아이도 목표를 향해 달려가는 법을 배울 것이다. 실패하기도 하지만 다시 새벽에 일어나 책을 들고 책상 앞에 앉는 이유 중 하나다.

엄마의 도전을 지켜본 아이들은 엄마를 끈기 있는 사람이라 말한다. 그 끈기를 자기 것으로 만들 수 있기를 응원한다.

사랑하는 우리 아이들이 힘들다고 주저앉아 있지 말기를, 넘어져서 아프더라도 다시 일어나 걷고 뛰기를. 걸음마 시절 몇 번의 실패로 무릎이고 이마고 멍들고 부어올라도 다시 소파를 잡고 일어나던 그때의 그 모습처럼 말이다.

　엄마, 아빠의 도움 없이 한 걸음 내딛고 세상을 다 가진 듯 웃던 아이들 얼굴이 생생하다. 더불어 목표 지점에 이르러 활짝 웃고 있을 내 모습도 상상한다. 넘어지더라도, 잠시 멈추더라도 주저앉지 않고 다시 시작하는 내가 고맙다.

10년 후 같은 후회를 하지 않기 위해

학창 시절 목표가 같은 두 사람이 있었다. 목표를 이루기 위해 각자의 자리에서 최선의 노력을 다했다. 그 결과 한 사람은 목표를 이루었고 또 다른 사람은 좌절했다. 20년 뒤 두 사람은 어떻게 살고 있을까?

꿈을 이루었던 사람은 그 뒤 삶에 안주하게 되었다. 그 자리에서 더 이상 나아가지 않았다. 어느 순간 자신을 돌아보며 알게 되었다. 삶이 20년 전 그 자리에 머물러 있다는 것을. 아니 어쩌면 제 자리에 머물러 있을 노력조차 하지 않았으니 뒤처져 갔을 수도 있겠다. 늘 내 생애 가장 치열했던 순간은 어제도, 1년 전도 아닌 20년 전이라 떠올리면서 말이다.

20년 전 목표를 이루지 못했던 이는 새로운 꿈을 찾았고 목표를 이루기 위해 다시 최선을 다했다. 그 노력의 대가로 지금은 자신이 원했던 삶을 살고 있다.

나와 내 친구의 이야기다. 20년 전 같은 대학교에 가길 바랐던 친구가 있었다. 나는 꿈을 이뤄 내가 원하는 대학교에 들어갔다. 그리고 삶에 안주하기 시작했다. 결혼하고 아이를 낳으며 더 이상 나를 위해 꿈꾸지 않았고, 나의 성장을 위해 노력하지 않았다. 이걸로 충분했다. 적당히 잘 먹고, 잘 살면 되었으니.

친구는 입시 결과에 좌절했다. 대학을 졸업하고 가정을 이뤘다. 하지만 꿈을 이루지 못한 허전함이 마음속에 남아있었다. 아이들이 커갈수록 꿈에 대한 간절한 마음이 커져만 갔다. 절실한 마음이 쌓이고 쌓여 더 큰 꿈을 꾸기 시작했다. 새벽에 일어나 책을 읽고 원하는 공부를 해나갔다. 지금은 시간의 자유도 누리며 원하는 삶을 살고 있다.

인생에서 처음으로 쓴맛을 안겨준 대학입시 좌절이 친구에게는 오히려 복이 되었다. 그 쓰디쓴 결과가 꿈에 대한 간절한 마음을 불러일으켰고, 시금은 또 다른 꿈을 꾸고 있으니 말이다. 이제는 반대로 내가 그 친구를 부러움의 눈으로 바라본다.

나이가 들어갈수록 지금 당장의 결과에 좌절할 필요가 없다는 걸 깨닫는다. 좌절이라 생각했던 일이 이후 나의 행동에 따라 오히려 선물이 되기도 하니 말이다. '새옹지마'라는 말이 있지 않은가. 집 나간 말이 오히려 복이 되어 돌아오기도 한다.

20년 후 친구와 나의 모습을 보며 지금껏 내가 지내온 삶에 대해 돌아보게 되었다. 처음엔 나를 챙기지 않았던 지난날에 대한 후회가 몰려왔다. 나 대신 가족을 챙겼노라고, 그래서 이만큼 아이들과 행복한 가정을 만들었다고 자기합리화도 해봤다. 삶의 중심이었던 가족이 흔들리자 우울의 늪으로 빠져들었다. 후회에 파묻혀 지내면서도 생활을 바꿀 노력조차 하지 않았다. 같은 일을 반복하며 다른 결과를 바랐으니 현실이 나아질 게 없었다.

뭐라도 시작해야 했다. 아니면 10년 후에 같은 후회를 하고 있을 내가 보였다. 삶의 무게중심을 나에게 옮겨야 했다고, 그때도 늦지 않았었다며 지나간 날을 후회로 돌아볼 일이 반복될까 무서웠다. 과거의 나야 몰라서 그랬다지만 지금의 나는 이미 알고 있지 않은가. 바뀌지 않으면 같은 결과가 반복된다는 사실을. 알고도 하지 않는다면 미래의 나에게 할 말이 없을 것이다. 10년 후의 나에게 또 미안해지고 싶지 않다.

로고테라피 창시자이자 정신과 의사인 빅터 프랭클은 유대인 수용소 생활을 담담하게 풀어쓴 『죽음의 수용소에서』에서 두 번째 인생을 사는 것처럼 살라고 했다. 그리고 첫 번째 삶에서 했던 잘못된 행동을 또 다시 반복하려고 하는 게 아닌지 생각하라고 말한다. 만약 두 번째 삶을 산다면 지금, 이 순간 내가 어떤 삶을 살길 원하는지 스스로에게 질문을 던지게 된다.

10년 전의 나를 마주한다. 나에 대해서도, 아이들 양육에 대해서도 해

줄 말이 많다. 지나고 나면 다시는 보지 못할 어린아이의 부드럽고 포동포동한 손과 얼굴을 눈과 카메라에 많이 담아놓으라 진심을 다해 말한다. 10년이 지나면 기억나지도 않을 작은 일에 그리 마음 쓰며 살지 않아도 된다고 덧붙인다. 무엇보다 책을 손에서 놓지 말기를, 하루의 시간을 헛되이 보내지 말기를, 나 자신의 성장에 손 놓지 말기를 당부하고 싶다.

10년 후의 내가 지금의 나를 바라본다. 매일 같은 행동을 하면서 달라질 미래를 꿈꾸지는 않는가. 10년 전의 나에게 당부하는 일들을 지금 나는 실천하고 있는가. 10년 후의 내가 지금의 나에게 지금껏 잘 살았다, 덕분에 지금의 내가 있다고 말할 수 있겠는가. 미래의 내가 바라보고 있다고 생각하니 핸드폰을 보며 헛되이 하루를 보낸 게 미안해진다. 해야 할 일들을 미래의 언젠가로 수없이 미루면서 말이다.

결핍이 있다는 게 불행한 것만은 아니다. 사람이 결핍을 느끼게 되면 해소하고 싶은 간절함에 하루를 허투루 보낼 수 없게 된다. 다만 그 결핍에 잠식당하지 않도록 몸과 마음에 힘을 기를 필요가 있겠다.

10년 뒤, 20년 뒤의 나에게 당당할 수 있도록 더 이상 현실에 안주하지 말아야겠다. 미래의 내가 지금의 나를 안타까움과 후회로 바라보길 바라지 않으니. 이 느낌을 10년 후의 나마저 느끼게 하고 싶지 않다. 뼈저린 경험을 통해 하루를 허투루 보내면 다가올 내 삶이 어떠한지 이미 알고 있으니 말이다. 알면서도 행동하지 않은 내가 얼마나 야속하겠는가.

사람이 먼 곳에 생각이 없으면 반드시 가까운 곳에 근심이 있다. 주변에서 일어나는 작은 일을 지나치지 못하고 마음에 담아두며 살았다. 10년 후에는 기억조차 하지 못할 일들을 말이다. 논어에 소개된 이 말을 마음속에 품는다. 같은 후회를 하지 않도록 나의 시선을 멀리 두고 삶의 목표를 바라본다.

아이들에게 좋은 엄마이고 싶었다. 이제는 좋은 엄마와 더불어 닮고 싶은 인생 선배이고 싶다. 작은 일에 근심하지 않고 나의 목표를 바라보며 오늘 하루를 살아가련다. 알차게 채워진 나의 하루가 모여 10년 후 나에게 큰 선물을 전해줄 것이다. 나뿐만 아니라 아이들에게도 멋진 선물이 될 수 있기를.

나의 성장이 불러온 나비효과

새벽 6시. 오늘도 어김없이 아침 운동을 나간다. 후를 깨워 함께할 건지 물어본다. 엄마가 부르니 후가 눈을 번쩍 뜬다. 갈 생각이 없는지 잘 다녀오라고 인사를 한다. 말은 그리하면서 안경을 끼고 이불을 걷어 낸다. 아이들과 손을 잡고 공원으로 가는 길, 마침 해가 떠오른다. 아이들은 주변을 밝게 물들이며 떠오르는 아침 해를 보며 연신 감탄사를 내뱉는다. 내 눈에는 아이들이 더 빛난다. 너희들이 엄마의 아침 해다. 어두운 하늘에 환한 빛을 선물하는 아침 해처럼 엄마의 삶을 빛나게 만드는 아이들.

공원을 뛰기 시작한다. 의욕이 앞선 후가 앞서나가더니 이내 옆구리를 붙들고 천천히 걷는다. 어제는 엄마와 몇 바퀴를 뛰었던 서이가 오늘은 몸이 무거운지 동생과 천천히 걷고 있다. 그래, 걷는 것도 건강에 좋다. 운동을 마치고 집으로 돌아가는 길, 달리기하면서 든 생각을 서로 나눈다. 옆구리가 아프니 달리기가 싫었다는 후, 하기 싫어서 핑계를 대는 것 같아 그냥 뛰었다고 한다. 그 순간 하고 싶은 일은 방법을 찾게 되고, 하기 싫은 일은 핑계를 찾게 된다는 말이 생각났단다.

요즘 내가 책을 읽으면서 깨달아 가고 있는 것을 후가 얘기하고 있었다. 토끼 눈이 되어 그 말을 어떻게 알았냐고 물었더니 학교 벽면에 붙어 있는 말이라고 서이가 대신 말해 준다. 무심코 지나가면서 보던 글귀가 아이 마음속에 남아있었나 보다. 경험을 통해 아이 마음속에 깊이 남아있을 문장이 되었다.

요즘 아이들은 6시에 일어난다. 엄마, 아빠의 새벽 기상을 지켜만 보던 아이들이 동참하기 시작했다. 후는 아무리 깨워도 쉽게 일어나지 않던 아이였다. 아침에 아이를 깨우면 '5분만, 3분만, 1분만'을 말했다. 깨워도 일어나지 않으니 엄마의 언성이 점점 더 높아졌다. 아이가 잠에서 깼을 때 처음 마주하는 게 엄마의 화난 얼굴과 앙칼진 목소리였다. 아이도 아침마다 얼굴을 찡그렸다. 늦게 일어나는 만큼 밤에 금방 잠들지 못했다. 온 가족이 잠든 후에도 혼자 뒤척이다가 겨우 잠이 들었다. 힘든 아침의 반복이었다.

아침부터 아이에게 버럭 하고 나면 출근길 마음이 무거웠다. 아이도 기분 좋게 하루를 시작할 리 없다. 무언가 대책이 필요했다. 가족회의를 통해 아이와 방법을 찾았다. 아이가 좋아하는 게임을 활용하는 거다. 생각보다 효과가 크다.

6시에 일어난 아이들은 우선 17분간 핸드폰으로 자유시간을 갖는다. 그러면서 잠을 깨운다. 자유시간이 17분인 이유는 7분은 매일 주는 시간이고, 10분은 6시에 일어나야 받을 수 있는 시간이다. 7시에 일어나면 7분, 8시 전에 일어나면 5분이다. 이후 아침 달리기를 하거나 책을 읽는다. 남은 시간 그날 해야 할 공부나 숙제를 한다. 이제는 습관이 되어 깨우지 않아도 혼자 일어나 아빠가 공부하는 방으로 향한다.

"으악! 깜짝이야!"

고요한 새벽에 울려 퍼지는 신랑의 외마디 비명으로 아이가 깼다는 걸 안다. 이제는 익숙해질 법도 하건만, 매번 놀라는 신랑도 신기하다.

아이들의 새벽 기상을 지켜보니 좋은 점이 많다. 첫째, 일찍 일어나니 일찍 잠든다. 밤마다 잠이 안 와 뒤척이던 아이들이 10시가 되면 눈에 졸음이 찾아왔다. 늦게 자고 늦게 일어나는 악순환에서 일찍 자고 일찍 일어나는 선순환이 이루어졌다. 게다가 서이는 성장호르몬 주사를 맞고 있기에 일찍 잠들어야 한다. 일찍 자는 게 면역력 강화에도 좋다. 건강에도 좋고 키도 키우고, 일석이조다.

둘째, 아침밥을 잘 먹는다. 일어나자마자 밥을 먹으면 입맛이 없다. 밥을 차려줘도 그냥 남기고 등교하기 일쑤였다. 지금은 달리고 오면 배고프다는 말이 저절로 나온다. 든든하게 먹고 가는 아이들을 보면 뿌듯하다.

셋째, 아침 루틴을 할 수 있다. 아직 완벽한 아침 시간을 누리는 건 아니지만 숙제나 책 읽기, 학습지를 아침에 나눠서 하니 저녁 시간이 여유롭다. 10시에 잠들 수 있는 이유도 아침에 주어진 시간 덕분이다. 이제는 자신만의 루틴을 만들어 가고 있다.

한동안 유튜브에 빠져 핸드폰을 손에서 놓지 못한 적이 있다. 집안일할 때도 영상을 틀고 이어폰을 꼈다. 샤워할 때도 마찬가지다. 어느 순간 아이들의 귀에도 이어폰이 꽂히기 시작했다. 한 가지 일에 집중 못하고 영상에 시선을 뺏기는 모습을 보며 내 모습을 보는 듯했다. 좋지 않은 행동을 따라 하게 만들었다. 엄마 잘못이다.

엄마가 가족 전체에 미치는 영향을 가볍게 생각했다. 긍정적인 영향을 줄 수도 있고 나쁜 습관으로 가족을 물들일 수도 있다. 자신을 믿고 꿈을 향해 나아가는 모습을 보여줄지, 주변 상황을 탓하며 불평만 하는 모습을 보여줄지는 엄마인 내가 선택할 일이다.

목표 전염 효과를 들어보았는가? 어떤 사람의 행동을 유심히 지켜보면서 그 사람의 목표를 자기 것으로 만드는 것을 말한다. 특히 친밀한 사람일수록 그 사람의 행동을 따라 하는 경향이 있다. 함께하는 사람이 중요한 이유다.

엄마의 도전이 전염되었나 보다. 엄마가 성장하기 위해 노력하니 덩달아 가족도 변화하고 있다. 신랑은 이제 새벽을 함께 맞이하는 동지다.

좋아하던 술도 줄이고 책상에 앉아 목표를 향해 달려간다. 딸과 아들도 그런 엄마, 아빠를 보며 아침 일찍 일어난다. 그 시간을 활용해 공부도 하고 운동도 한다. 나름의 목표도 세우고 루틴을 만들기 시작했다. 조금씩 성장하는 가족들을 보면 내가 지금 가고 있는 이 길이 맞다고, 그러니 꾸준히 해내라고 말해주는 것 같다.

　잠시 멈추긴 했어도 포기하지는 않았다. 내가 가는 길과 성장에 대한 믿음이 흔들릴 때마다 내 옆에 함께하고 있는 가족을 바라본다. 가족의 변화를 보며 흔들리는 마음을 다잡는다. 이 길이 맞다고 확신한다. 방향이 맞다면 속도는 중요하지 않다. 함께하는 가족이 있으니 긴 여정도 문제없다.

천하무적 엄마들을 응원합니다

저녁 시간, 오늘따라 유난히 몸이 무겁다. 집에 있으니 눕고만 싶어진다. 손에서 핸드폰도 놓지 않는다. 그러니 장소를 바꿔 보기로 했다. 마침, 도서관에 신청해 놓은 책이 들어왔다고 알람도 울리던 참이다.

학원을 끝내고 도서관에 먼저 도착한 후는 좋아하는 자리에서 책을 읽고 있다. 엄마가 가져온 수학 숙제도 하고, 엎드려 책도 읽는 모습이 도서관이 참 편해 보인다. 도서관에서 한 시간 책을 읽으면 25분의 게임 시간을 획득할 수 있기에 후는 종종 도서관에 혼자 온다. 도서관에 가는 걸 습관으로 만들어 주고 싶어 서로 의논해서 정한 약속이다.

아들 앞에서 책을 펼친 지 5분도 안 돼 졸음이 쏟아진다. 꾸벅꾸벅 졸다가 안 되겠다 싶어 도서관에 있는 다른 책들을 둘러본다. 읽고 싶은 책을 꺼내 펼쳐봐도 졸린 건 마찬가지다. 오늘은 안 되겠다 싶어 집에 가자고 아들을 조른다. 조금만 더 읽고 가자는 아들과 집에 빨리 가고 싶다는 엄마다. 왠지 엄마와 아들의 역할이 바뀐 것 같다. 후는 엄마 성화에 못 이겨 책을 덮고 자리에서 일어난다. 외투 주머니에 깍지 낀 내 손과 아들 손을 함께 넣는다. 날은 춥지만 두 손을 마주 잡고 있으니 마치 손난로를 들고 있는 것 같다. 그 온기가 온몸으로 퍼져나간다. 덩달아 마음도 훈훈해진다.

집으로 돌아오는 길, 후는 연신 엄마를 부른다.
"엄마, 엄마! 오늘 학교에서…."
"엄마, 엄마! 엄마는 요즘…."
"엄마, 엄마! 오늘 집에 가면…."
후는 하고 싶은 말이 앞설 때 엄마를 두 번씩 부른다. 오늘은 하고 싶은 이야기가 많은가 보다. 하나의 주제가 끝나면 다른 주제의 이야기가 끊임없이 이어진다. 마음이 급한지 엄마를 여러 번 부르며 쉴 새 없이 말한다.

"엄마"

이 말이 참 듣기 좋다. 간절히 바라고 바라던 그 이름. 엄마라는 말을 듣기 위해 많은 일들이 있었다. 오랜 시간 병원도 다니고, 운동도 했다. 지나가다 배부른 엄마들을 보면 한동안 시선이 머물렀다. 어렵게 만난 아이를 지키기 위해 임신 중 수술도 했다. 빨리 나오려는 아이를 조금 더 엄마 배 속에 머물게 하고 싶어 출산까지 누워 지냈다. 그렇게 듣게 된 귀한 말이 바로 엄마다. 삶이 힘들고 지친다고 엄마 소리 듣고 싶다는 간절했던 바람을 잊고 지낸 건 아닌지 돌아본다.

하루 종일 얼마나 하고 싶은 말이 많았으면 집으로 돌아오는 그 몇 분의 시간 동안 이렇게 애타게 엄마를 부르는 걸까? 자신의 이야기를 실컷 하던 아이가 이번엔 엄마가 요즘 가장 중요하게 생각하는 게 뭐가 있는지 묻는다. 고민하지 않고 가족이라는 말이 자동으로 나간다. 엄마의 대답을 들은 아이는 만족스럽지 않은 모양이다.

"가족 말고. 요즘 엄마 눈이 바라보는 게 뭐야?"

아이 말에 나를 돌아본다. 내 눈이 바라보는 것! 잠시 잊고 지냈는데 정신이 번쩍 든다. 오늘따라 몸이 무겁다고, 그냥 눕고만 싶다고 생각했는데 잠시 잊고 있던 내 삶의 목표를 생각하니 없던 힘이 생긴다. 엄마의 목표를 들고 후도 요즘 자신이 바라보는 것을 이야기한다. 평소라면 서둘러 왔을 그 길을 천천히 걸으며 후와 더 많은 이야기를 나눈다.

얼마 전 아이는 자작시를 지어 엄마에게 선물로 주었다.

내가 홀로 있는 곳
그곳은 내 최고의 장소였지.

친구랑도 어색했던 그 어둠에
'가족'이라는 빛이 날 이끌어 주네.

그 빛은 길잡이 빛
날 어둠에서 꺼내주리.

후가 시에서 말하는 것처럼 가족은 나의 빛이다. 나를 어둠에서 꺼내
주고, 빛으로 안내하는 길잡이다. 후의 시가 꼭 내 마음을 노래한 것 같
다. 지금 당장 대단한 결과물이 없더라도 목표 하나 바라보고 오늘도 묵
묵히 걸어가게 하는 힘, 바로 가족이다.

한 걸음, 한 걸음 포기하지 않고 지루한 것을 매일 해내고 있다. 가족
이 있어 가능한 길이다. 그 길을 사랑하는 이들과 함께하고 있으니 나는
행복한 사람이다.

엄마라고 불러주는 아이가 있어 소중한 저녁이다. 추운 날씨에 코끝이 빨개지고 어깨가 절로 움츠러들지만 아들과 대화하며 느끼는 행복과 감사가 온몸을 감싸 마음만은 따뜻하다. 엄마라는 이름에는 무거운 책임이 따르지만, 아이들의 조건 없는 사랑도 가득하다. 나를 세상의 전부로 믿고 따르는 아이들이 있기에 오늘 하루를 더 열심히 살게 된다. 가끔 삶에 지쳐 아이들의 무한한 사랑을 보지 못할 때 오늘 저녁을 기억해야겠다. 엄마라는 이름이 얼마나 좋은지 말이다.

엄마의 도전은 가족의 성장을 이끈다. 오늘도 엄마로서, 나로서 묵묵히 삶을 헤쳐 나가는 천하무적 엄마들을 응원한다. 천하무적 엄마들의 성장 수업은 끝이 없다.

중학교 1학년 서이가 국어 노트를 들고 방으로 들어옵니다. 수업 시간에 만든 성찰 카드를 보여주고 싶다면서요.

'나는 내 부모님을 닮고 싶다.'

새벽 기상하며 미래를 준비하는 부모님의 꾸준함과 성실함을 닮고 싶다는 아이. 감사함이 밀려옵니다. 이보다 더 큰 선물이 어디 있을까요.

책에서 새옹지마(塞翁之馬)의 일화를 읽고 무릎을 쳤던 기억이 납니다. 그동안의 삶을 돌아보니 인생은 새옹지마라는 이 말이 딱 맞습니다.

집에서 기르던 말이 갑자기 집을 나갔다. 주변 사람의 위로에 복이 될지 화가 될지 지켜보겠다는 노인. 결국 도망갔던 말이 뛰어난 준마와 함께 집으로 돌아왔다. 사람들의 축하에 노인은 이 또한 화가 될 수 있다고 말한다. 아들이 그 말을 타다가 떨어져 다리가 부러지는 화를 입었다. 1년 뒤 오랑캐와의 전쟁으로 동네 젊은 장정들이 전장에 나가 죽을 때 아들은 다리가 부러져 징집을 당하지 않아 목숨을 지킬 수 있었다.

화라고 생각했던 일이 시간이 지나며 복으로 바뀌고, 그 당시 복이라고 여겼던 일이 나중에 화였음이 밝혀지기도 한다.

당연하다고 생각했던 임신이 나에게는 왜 허락되지 않냐며 눈물과 함께 시험관 시술을 했습니다. 호르몬 주사로 인한 신체적 변화와 임신에 대한 걱정으로 우울의 터널을 걸었습니다. 어느 날, 잠들어 있는 서이와 후의 이불을 덮어주다 내게 불행이라고 생각했던 일이 이렇게 예쁜 아이들을 만나기 위한 과정이었다는 생각에 갑자기 그 과정이 감사했습니다. 아니었다면 서이와 후를 만날 수 없었을 테니 말입니다. 그 순간부터 시험관은 내게 불행이 아닌 감사한 일이 되었습니다.

'상목이'라는 나무가 있었습니다. 회사 일이 힘들어 끊었던 담배를 다시 피우던 남편은 회사 정원에 있는 나무에 상목이라는 이름을 지어주고 힘들 때마다 담배와 상목이를 찾았습니다. 대답 없는 상목이에게 자신의 마음을 풀어놓으며 위로를 받았습니다. 상목이를 찾을 만큼 회사 일이 힘들지 않았다면 남편의 오래전 꿈을 다시 이야기하지 않았을 겁니다. 여전히 미래를 준비하지 않고 현재의 편안함에 머물러 있었겠지요. 시련은 신랑을 새벽마다 일어나게 했고, 간절함이 더해져 저녁에 마시던 맥주까지 끊고 공부에 매진하게 했습니다. 인생의 어두운 터널이라고 생각했던 그 순간이 오히려 신랑에게 선물이 되었습니다.

학교에 적응하기 힘들어하는 아들 덕분에 우리 가족 문화도 바뀌었습니다. 아이들과 소통하기 위해 가족회의를 시작했고, 덕분에 우리 가족만의 특별한 문화가 만들어졌습니다. 엄마인 나를 돌아보고 아이를 이해하는 과정을 통해 나도, 아이도 한 뼘 성장했습니다. 아이가 학교에 잘 다니고 있었다면 가족회의도, 우리 가족만의 특별한 문화도 만들 생각을 하지 않았을 겁니다. '언제나 그랬듯이, 우리 가족답게'라는 말도 없었겠지요.

치솟는 집값이 나를 불안하게 만든다고 생각했습니다. 하지만 덕분에 경제 공부를 하게 되었습니다. 매일 경제 신문을 읽고, 가계부를 쓰며, 재테크 공부를 시작했습니다. 돈 공부를 시작하며 연금저축에 대해 알게 되었고, 나와 남편, 그리고 아이들 모두 매월 일정 금액을 연금저축에 투자하고 있습니다. 아이들과 계좌를 보며 소비와 투자에 관해 이야기를 나눕니다. 이제는 재테크 공부로 퇴직 후 다가올 미래를 준비하고 있습니다.

내 삶의 시련이라 생각했던 것들이 나를 위한 성장의 이유가 되었습니다. '때문에' 대신 '덕분에'를 넣었을 뿐입니다. 힘든 회사 일 때문에, 치솟는 집값 때문에, 학교 부적응 때문에 불만을 토해내고 세상을 부정적으로 바라보는 것이 아니라, 덕분에 앞으로 나아갈 이유와 힘이 생겼습니다.

고난이라고 생각했던 일들이 내 삶을 돌아보고 미래를 준비할 수 있는 전환점이 되었지요. 인생에 비바람이 없었다면 아무것도 이루지 못하고 그 자리에 머물러 있었을 겁니다. 그리고 몇 년 후 지금과 같은 후회를 하고 있을지도 모릅니다. 미리 준비하지 않고 늦게 깨달은 것에 아쉬워하면서. 부모를 닮고 싶다는 아이의 말도 듣지 못했을 겁니다.

살면서 위기를 만나지 않고 지나갈 수는 없습니다. 결국 어떻게 대처하느냐가 인생을 좌우합니다. 우리 가족은 위기를 맞이했을 때 주저앉지 않았고 함께 성장할 기회로 만들었습니다. 그 과정을 통해 서로가 더 단단해지고 끈끈해졌습니다. 인생을 길게 보니 좋은 일이 나쁜 일로 바뀔 수 있고, 나쁜 일이 오히려 좋은 결과를 가져올 수도 있다는 것을 깨닫습니다. 삶은 대응의 영역입니다.

가족 공동의 목표를 세우고 함께 달리고 있습니다. 그 과정에서 넘어지기도 하고 뜻이 맞지 않아 갈등의 순간도 생기겠지요. 어느 스토리에나 있는 고난과 역경, 실수도 있을 겁니다. 그래도 괜찮습니다. 언제나 그랬듯이, 우리 가족답게 소통하며 다시 발맞추어 앞으로 나아갈 거니깐요. 결과에 좌절하지 않고 '함께'의 힘으로 위기가 아닌 선물로 만들어 갈 테니.

부족한 점이 많음에도 불구하고 늘 따뜻한 시선으로 잘하고 있다 격려해 주고, 믿어주는 가족이 있기에 가능한 길이었습니다. 나의 도전에 응원을 아끼지 않는 남편, 서이, 후가 있어 오늘도 한 발짝 나아갑니다. 가족은 매일 새벽 침대를 박차고 일어나게 하는 힘입니다. 가족 덕분에 지금의 내가 있습니다. 감사합니다. 그리고 사랑합니다.

엄마의 역할은 무궁무진합니다. 그러나 역할의 무게감을 걱정하지 마세요. 우리는 넘어실지언정 수저앉지 않을 천하무적 엄마이니깐요. 엄마의 새로운 도전과 가족의 성장을 응원합니다.

엄마 성장 수업